名人家风丛书

道德经济堪大任

——王安石与王氏家风

U0838364

本书系2016年度国家社会科学基金重大项目“中国传统文化教育资源的开发利用研究”（项目批准号：16ZDA230）阶段性成果。

名人家风丛书

徐梓 主编

道德经济堪大任

——王安石与王氏家风

邹蓓蓓 著

中原出版传媒集团
中原传媒股份公司

大象出版社
·郑州·

图书在版编目(CIP)数据

道德经济堪大任:王安石与王氏家风/邹蓓蓓著.—郑州:大象出版社,2022. 1
(名人家风丛书/徐梓主编)
ISBN 978-7-5711-1192-2

Ⅰ. ①道… Ⅱ. ①邹… Ⅲ. ①家庭道德-中国②王安石(1021-1086)-家族-史料 Ⅳ. ①B823. 1②K820. 9

中国版本图书馆CIP数据核字(2021)第182706号

名人家风丛书
徐　梓　主编
DAODE JINGJI KAN DAREN
道德经济堪大任
——王安石与王氏家风
邹蓓蓓　著

出 版 人　汪林中
总 策 划　郑强胜
责任编辑　刘丹博　赵晓静
责任校对　牛志远
书籍设计　王　敏

出版发行　大象出版社(郑州市郑东新区祥盛街27号　邮政编码450016)
发行科　0371-63863551　总编室　0371-65597936
网　　址　www.daxiang.cn
印　　刷　北京汇林印务有限公司
经　　销　各地新华书店经销
开　　本　890 mm×1240 mm　1/32
印　　张　5.375
字　　数　115千字
版　　次　2022年1月第1版　2022年1月第1次印刷
定　　价　18.00元

印厂地址　北京市大兴区黄村镇南六环磁各庄立交桥南200米(中轴路东侧)
邮政编码　102600　　电话　010-61264834

总　序

一个人有一个人的气质，一个国家有一个国家的性格。一个家庭在长期的延续过程中，也会形成自己独特的风气。这样一种看不见的风尚习惯、摸不着的精神风貌，以一种隐性的形态存在于特定家庭的日常生活之中，家庭成员的一举手、一投足，无不体现出这样一种习性。这就是家风。

“家风”一词，最早见于西晋著名文学家潘岳的诗中。与潘岳有“双璧”之称的夏侯湛，自恃文才超群，将《诗经》中有目无文的六篇“笙诗”补缀成篇。潘岳为与友人唱和，写作了《家风诗》。在这首诗中，作者通过歌颂祖德、称美自己的家族传统以自勉。

“家风”又称“门风”，这个词语在西晋出现并在随后流行，显然和“士族”“世族”“势族”“大族”“世家大族”成为社会上的统治力量有关。无论是以宗族为根基、以武力为特质的地方豪族，还是以官宦为标志、以文化为表征的名家大姓，他们政治上累世贵显，经济上广占土地，文化上世传家学，垄断了全社会的主要资源。除通过九品中正制和婚姻关系来维护门阀制度之外，他们还自矜门户、标树家风，用以抵御皇权和寒人的侵渔。正因为如此，两晋以后，这个词语渐次流行。从发轫之初，“家风”就往往和“门风”互用。我们可以将它理解为家庭的风气，将它看作一个家庭的传统、一个家庭的文化。

传统作为人类代代相传的行事方式，是从过去延传到现在的事物。没有经过较长时间的过滤和沉淀，就形成不了传统。在《论传统》的作者希尔斯看来，至少要持续三代人，才能成为传统。尽管世代本身的长短不一，但无论是信仰还是行动范式要成为传统，至少需要三代人的两次延传。家风作为特定家庭的传统，是该家庭长时期历史汰选、传统沉淀的结果，是一辈又一辈先人生活的结晶。在历史文献中，“家风”或与“世德”共举，或与“世业”并称，足见家风有别于时尚，而与“世”即很多年代、好几辈子紧密关联。在时间上持续的短暂性是时尚的特征，而家风则是历经延传并持久存在，或者在子孙后代身上一再出现的东西。正是在这个意义上，历史文献中提及“家风”一词，往往蕴含对传统的继承。如比比皆是的“不坠家风”“世守家风”“克绍家风”“世其家风”及“家风克嗣”等，无不体现了这一特点。

有一种观点认为，家风必须是健康的、积极向上的，否则，不能称之为家风。实际上，这只是说者的一种期许、一种渴盼，家风本身并不蕴含这样的意味。否则，“良好家风”就是毫无意义的同义反复。正如“文化”是使民族之间表现出差异性的东西，时时表现着一个民族的自我和特色一样，家风作为家庭的文化和传统，表现的也是一个家庭的气质和风习，反映出一个家庭与其他家庭的不同之处。它完全是一个中性的概念，并不必然具有正面的意义。有的家风可能是勤奋俭朴、为人忠厚、待人有礼，也有的家风可能是狡诈刻薄、游荡为非、跋扈凶横。如同一所学校、一个班级的风习我们称之为校风、班风，而校风有好坏之分，班风有高下之别，并不总是值得弘扬一样，家风同样也有不良的，并不都是传家宝。正因为如此，对家风或门风则就既有称誉，也有贬损。即便是在传统社会，被视为传家久、继世长的，也只有耕读、忠厚、清廉这样一些美好的品质。

的确，家风的特征在前现代、在乡村社会、在大家庭中表现得十分鲜明，格外生动，而在现代城市家庭中却不那么明显。但是，只要一个组织存在，就会有这个组织的文化，特别是这个组织如果有历史的厚重，有传统的积淀，就更是如此。作为家庭的文化，家风是附丽于家庭而存在的，只要有家庭，就会有家风。家风并不必然会因为农村的城市化、大家族被小家庭所取代而丧失，或者说，随着历史的演进，社会情势的变化，家风的具体内容肯定会有变化，但家风仍然会存在。在社会结构和家庭结构都发生了革命性变革的当今社会，人们感叹“家风”的荡然无存，其实是指家庭所秉持的“只耕田，只读书，自然富贵；不欠债，不健讼，何等安宁”这样一些古典原则的式微，是指“耕读两途，读可荣身耕可富；勤俭二字，勤能创业俭能盈”这样一些传统内容的沦落，是“志欲光前，惟是诗书教子；心存裕后，莫如勤俭传家”这样一些旧时理念的散淡，而不是家风本身的消逝。

此外，家风不同于家规。虽然这两个词都与家庭教育相关，但它们有着本质的差异。

家规是家庭或家族中的规矩，是家人所必须遵守的规范或法度，是父祖长辈为后代子孙所制定的立身处世、居家治生的原则和教条。它是借助尊长的权威，加之于子孙族众的又一重道德约束，有的甚至具有法律效力。它有家训、家诫、家仪、家教、家法、家约、家矩、家则、家政、家制等名义，有敬祖宗、睦宗族、教子孙、慎婚嫁、务本业、励勤奋、尚节俭等多方面的内容，是行于口头、针对性强的具体教诫，是见诸家书、目的明确的谆谆训诲，是载诸家谱、可供讽诵的文本规条。家规可以有多种分类，如：根据其表现形式，可以分为教诫活动的家规和文献形式的家规两种；根据内容，则可以分为针对一人一事、起因明确、内容具体、结果显豁的非规范性家规和针对整个人生、涉及方方面面的规范性家规。有的家规，着重家庭子弟的道德修养，教授为人处世要法；有的家规，集中居家治生，以至是祠堂、义庄、学塾等的管理规条。但无论如何，相对于家风，家规一个总的特点是有形的，是可视可见的。

一个家庭的家风有别于这个家庭世代相传的道德准则和处世方法，它是一个家庭的性格特征。虽然它一旦形成，也就成为教化的资源，对家族子弟具有熏染影响、沾溉浸濡的意义，但它是一种不必刻意教诫或传授，仅仅通过耳濡目染就能获得的精神气质，具有“润物细无声”的作用。历史文献中的“渐渍家风”，就极为生动形象地诠释了这一过程。通俗地说，我们可以把家规看作教化家人的教科书，而家风则是经由长期教化后的结果。

2014年春节期间，中央电视台的“家风”系列报道，引起了社会的热烈反响和高度认同。这一报道对于引导人们自觉省思，培植良好的家风，构建和谐的家庭关系，夯实家庭这一社会的堡垒，进而培养全社会的良风美俗，疗治现今社会的乱象，无疑具有积极的意义。正是基于这样一种用心，《寻根》杂志主编郑强胜代表大象出版社，约请我主编这套“名人家风丛书”。

第一辑十种出版之后，广受读者好评、社会欢迎。众多媒体都曾予以推荐，并入选国家新闻出版广电总局向全国青少年推荐百种优秀出版物、入选第二届中华优秀传统文化普及图书50种图书推荐目录，出版社也一印再印。受这种情势鼓舞，强胜兄按此前我们商议好的计划，不失时机地敦促我们启动了第二辑的编写工作。2016年5月18日，他给我发来了《“名人家风丛书”第二辑编写建议》，第二辑的编写工作由此启动。2018年6月，他又给我发来了《“名人家风丛书”第三辑编写建议》，第三辑的编写工作由此启动。

2016年，我作为首席专家承担了国家社会科学基金重大项目“中国传统文化教育资源的开发利用研究”（项目批准号：16ZDA230）的研究工作，本辑图书的编写也是该项目研究工作的一部分，并受到了项目的资助，王立刚居中做了大量的工作。

本辑的编写者，依然主要是我的学生，也吸纳了个别对此有热情、有研究的朋友参加。由于时间仓促，特别是水平所限，其中肯定会有这样或那样的问题，诚挚地希望读者不吝赐教，以便我们把这项工作做得更好。

北京师范大学国学经典教育研究中心 徐梓

2020年1月

目录

第一章

王氏谱系

王安石故里上池村

第一节　临川王氏家族的渊源与兴衰

宋承五代十国之乱，经太祖赵匡胤、太宗赵光义至仁宗赵祯，天下安定，逐步统一全国。至道三年（997），宋朝在行政区划上改道为路，始设十五路，后增至十八路，又增至二十三路。其中，江南西路有一抚州，下辖临川、崇仁、金溪和宜黄四县。首县临川县盐步岭有一王姓大族，世代居此。这一王氏支脉是从何而来的呢?

江西一带的王姓，在当时的中国并不算多，但其来源比较复杂。大体来看，主要由太原王氏、琅琊王氏、三槐王氏、开闽王氏四大支脉构成。太原王氏和琅琊王氏的始祖均是东周时期周灵王的太子王子乔，相传他是黄帝的后裔，是王氏的始祖。王氏发展到秦朝王离这辈时开始分化，长子王元在西汉初年带领族人奔赴山东一带，在此繁衍生息，成为琅琊王氏的始祖；次子王威带领族人在太原一带建立了太原王氏。

太原王氏从魏晋南北朝至唐代一直都是十分显赫的世家大族。临川王氏是太原王氏的分支，自中唐之后由太原南迁，遭受颠沛流离，家族世系可上溯到王安石曾祖王明辈。据临川王氏族谱记载，太原王氏第五十一世王简由山西太原迁到抚州盐步岭一带，王明在北宋初期由盐步岭迁居至上池，至此王明为上池王氏一世祖。临川王氏的先世衰微无闻，王安石的曾祖父王明只是临川一个家境殷实的普通农民，因后世子孙的荣显被追封为尚书员外郎。王明有三个儿子，长子王用之，卫尉寺丞，是王安石的祖父；次子王贯之（又名观之），尚书主客郎中，赠右谏议大夫；幼子王质之，生卒不详，无载。

临川王氏自王安石的叔祖王贯之开始以科举起家后，王氏家族日渐兴盛。自宋真宗咸平三年（1000），历经仁宗、英宗至神宗熙宁元年（1068），在六十九年里，中进士者共八人，其中以王安石最为著名。以下按王安石序辈举进士者为：王贯之（安石叔祖），宋真宗咸平三年（1000）进士；王益（安石父亲），宋真宗大中祥符八年（1015）进士；王安仁（安石长兄），宋仁宗皇祐元年（1049）进士；王安石，宋仁宗庆历二年（1042）进士；王安国（安石大弟），宋神宗熙宁元年（1068）进士；王安礼（安石三弟），宋仁宗嘉祐六年（1061）进士；王沆（安石堂弟），宋仁宗庆历六年（1046）进士；王雱（安石长子），宋英宗治平四年（1067）进士。可见，临川王氏家族重视读书，由叔祖王贯之举进士起家，逐渐形成耕读的家风。父亲王益，为人果敢，颇有政绩，历任建安主簿，临江军判，新淦、庐陵、新繁知县，韶州知州等地方官，官至尚书都官员外郎。王氏家族开始兴盛，标志着临川王氏已经崛起。俗话说“性格决定命运”，而一个家族的“性格”形成了一个家族的风气，从而决定了一个家族的兴衰。王贯之、王益两代读书中举，重实干而轻功名的能吏作风，形成了临川王氏的家族风尚。这种家族风尚对于临川王氏的崛起，产生了巨大的推动作用。

临川王氏发展到王益子辈时，家族臻于极盛。王益先后娶徐氏、吴氏为妻，育有七子，即安仁、安道、安石、安国、安世、安礼、安上，其中举进士者四人，王安石最为优秀。

王安仁是王安石的长兄，自幼好学，皇祐元年（1049）中进士下科，以《诗》《书》《礼》《易》《春秋》教授弟子，门下弟子成器者不可胜数，以进士下科补宣州司户参军，后监江宁府盐院，享年三十七岁。

王安道是王安石的二兄，擅于辞赋，精于琴道，由大学中官授衡州军司法参军，兼任衡州州学教授，以礼乐为先，训诲弟子，享年约三十六岁。

王安国是王安石的大弟，自幼聪颖上进，文采出众，广结善友，是出了名的孝贤之士，长期尽心尽力侍奉母亲。熙宁元年（1068）中进士，任西京国子监教授、崇文院校书、秘阁校理、著作佐郎、大理寺丞。王安国乃北宋著名诗人，与王安礼、王雱三人世称“临川三王”，享年四十七岁。

王安世是王安石的二弟，任太平州当涂县主簿，只活了二十六岁。

王安礼是王安石的三弟，资貌魁伟，辩口利辞，勤勉治政，性格极像王安石。自嘉祐六年（1061）进士及第后，仕途一帆风顺，官至尚书左丞（副相）。王安礼为人刚直，执法严明，以直谏闻名，曾与王安石政见不一，反对变法。他以文辞见长，其诗旷达超迈、寄情高远，著有《王魏公集》二十卷，享年六十二岁。

王安上是王安石的四弟，幼年好学，聪明卓然，因父亲王益去世较早，一直跟随兄王安石生活。王安石对其关爱备至，二人亲密融洽。他曾任权发遣提点江东刑狱，历知和、湖二州，享年六十七岁。

王安石是王益七子中最为优秀者。他是北宋杰出的改革家、思想家、文学家，被列宁誉为“十一世纪最伟大的改革家”。王安石自幼聪颖，随父宦游各地，目睹各地百姓生活的困苦与艰辛，青年时期就立下远大的志向，要改变宋朝积贫积弱的局面。此后，王安石发奋读书考中进士，出任地方官后，更加体恤民间百姓的疾苦。王安石于嘉祐三年（1058）上万言书，针对北宋王朝建立以来存在的问题，要求全面进行改革，以扭转宋朝积贫积弱的局势。王安石深受宋神宗的赏识，熙宁二年（1069）为参知政事，次年拜相，实行熙宁变法，此时王氏家族发展到极盛时期，临川王氏成为当时最为显赫的名门望族。王安石的改革最终在保守派的阻挠下失败，元丰八年（1085）新法被废除，次年王安石去世。王氏家族随着改革的失败而日益走向衰落。

王安石生有二子，长子王雱，次子王旁。王雱，字元泽，聪敏过人，善于作书论事，著有《论语解》《孟子注》《新经尚书》等，是北宋著名的政治家、思想家。宋英宗治平四年（1067）中进士，历任旌德尉、太子中允、崇政殿说书，性格极像王安石，但因病早年去世，享年三十三岁。临川王氏的衰落，也与王安石儿子的过早离世有关。王雱，是王家这一辈中唯一中进士之人。王雱的过早离世，使王安石极度伤心，称“一日凤鸟去，千年梁木摧”。次子王旁，官至奉议郎、秘书省正字。王旁之子王桐，任承事郎、直龙图阁。王桐之子王珏，仕至直敷文阁太傅少卿，曾任两浙西路常平茶盐公事，兴利除弊，有一定的政绩。

综上来看，临川王氏家族培养的诸多人才，与其家风、家教有着重要的关系。直至当今，王氏的家风家教仍值得我们后人学习。

第二节 影响王氏家族的前辈

临川王氏自王安石的叔祖王贯之读书中举起家，为官造福百姓，开创了临川王氏读书入仕的发家之路。父亲王益勤勉励志，造福地方百姓的能吏作风，为王氏家族的振兴奠定了基础。到王安石时，他深受祖辈的影响，为大宋王朝的振兴做出了突出的贡献。变法虽然失败了，但王安石的精神仍然影响着后代。从叔祖王贯之到父亲王益，再到王安石，祖孙三代的能吏作风，深深地影响着王氏的子孙后代。在一定程度上，王氏家族几代形成的“读书—中举—入仕—能吏”的发展模式，形成了临川王氏的家风，成为影响临川王氏世代相传的家族精神。

一、祖辈的起家

临川王氏家族是北宋时期最负盛名的望族之一。起初，王氏家族在临川算不上什么世家大族，只是一户普通的农家而已。然而究竟是什么原因使临川王氏由普通的农户逐渐发展成为显赫的名门望族呢？这是由当时的文化特征和生活环境决定的。

赵宋王朝以武力开国，实行以文治国，极力推行科举取士的选官制度。一大批毫无家世的庶民子弟以“读书—中举—光耀门第”为发家路径，最终成为“名门望族”。从临川王氏家族《三公王氏族谱》来看，临川王氏是太原王氏迁徙的一个支脉。临川王氏家族世袭可追溯到王安石的曾祖父王明一辈。王明是临川一个家境富裕的普通农民，后因儿子王用之、王贯之读书做官，王氏家族才日渐成为官宦之家。百年之后，他被追封为“太师、中书令”。王明有三个儿子，长子王用之，次子王贯之，三子王质之。长子王用之是王安石的祖父。王用之，生于后周显德六年（959），名字取自《论语·述而》“用之则行，舍之则藏，唯我与而有是夫”。初任扬州学正，后任衡阳知县、池州通判，迁任大理卫尉寺丞，后赠太师、中书令兼尚书令，死于宋明道二年（1033），享年七十五岁。王用之育有五子，即王益（王安石之父）、王盛、王盟、王盈、王孟。王用之妻子谢氏（王安石祖母），贤良淑德，为人慈爱，育子有方，使得王家上下和睦，其妇德之誉美名远扬。谢氏享有子孙之禄，后被追封为燕国太夫人，九十岁高寿而终，是王家寿命最长的人。

叔祖王贯之，名字取自《论语·里仁》“吾道一以贯之”。他生于北宋乾德五年（967），于咸平三年（1000）中进士，授汉州军事推官，迁任大理寺丞，是王家最早腾达的人。王贯之死于宋仁宗天圣六年（1028），享年六十二岁，官至尚书主客郎中，后赠官右谏议大夫。育有六子即王盖、王盍、王盘、王盥、王盎、王盒。王贯之是王家第一个中进士的人，也是大宋王朝建立后临川城内为数不多的进士之一。他为官清正廉洁，孝悌仁厚，可谓临川王氏家族崛起的奠基人。自此，临川王氏以读书中举起家，在临川一带小有名气。王贯之入仕做官不久，王氏族人便在临川城内修建了一座家庙，标志着王氏家族已在临川具有地方性名门望族的身份。临川王氏家族以王贯之中举起家，他为官后励精图治，展现出能吏作风，造福百姓。他的做官准则和处世之道，为王氏家族的后人做出了良好的榜样。

二、父辈的崛起

王安石的父亲王益，在地方任职数十年，为官一任，造福一方，足迹遍及大宋王朝的多个州县。他胸怀大志，励精图治，所到之处几乎都有政绩卓然的记载。因此，他也受到朝廷的认可，晋升为殿中丞。王益对临川王氏家族的崛起产生了至关重要的作用。

王益，宋太宗淳化五年（994）生于抚州临川县。真宗大中祥符三年（1010），十七岁的他只身一人远赴升州，拜见枢密直学士、工部尚书、知升州事张咏先生。抚、升两州相距两千多里，一个十七岁的青年千里迢迢远赴异地，只为请教问题，足见其独立自信的个性和非凡的勇气。张咏文采超卓，为官廉正，具魁奇豪杰之才，在当地极具声望。王益带着文章不远千里拜见张咏时，他已经六十五岁，患有头疾，脾气十分暴躁。然而，张咏看到王益的文章，却十分喜欢这位青年才俊。张咏询问王益的名讳后，得知王益原名损之，感到很不悦耳，当即为其改名“舜良”，谓“润泽天下”之意。王益受到先生的教诲后，确立了远大的理想，更加坚定了学习的目标。他发奋读书，五年后考中进士，特意赴陈州再拜先生，以感谢知遇之恩。当时张咏担任枢密直学士、礼部尚书，知陈州。谁想这竟然成了他们最后一次的见面。是年八月，张咏卒于陈州任所，年七十岁，赠右仆射，谥号“忠定”。王益青年时代受到张咏的点拨，为日后踏上仕途奠定了坚实的基础。

宋真宗大中祥符八年（1015），王益二十二岁中进士，任建安主簿。王益初到此地，人地生疏。建安县百姓听闻新任的主簿十分年轻，以为其年少轻狂，不会理务政事。谁知王益上任，正逢上级发出公告，要求尽快催收例税。王益按照上级指示，通告县内百姓及时缴纳赋税。宋朝实行两税法，分夏、秋两季征收。何为两税法？两税法是唐代宰相杨炎所创立的税法。武周时期均田制遭到破坏，唐初期建立的租庸调制早已不再适用。唐德宗建中元年（780），宰相杨炎建议在全国颁行“两税法”。两税法取消原来的租庸调制和其他各项杂税，只保留户税和地税两税，按照夏、秋两季进行征收，所以称为“两税法”。宋朝建立后，仍推行两税法。建安地处偏远地带，远离都城东京（河南开封），当地百姓纳税不积极，往往该收秋季赋税了，夏季赋税仍未收清，两季赋税时常纠缠不清。王益上任时正赶上征收秋税，他发现征税十分困难，仔细查访后得知征税困难的症结在于州吏孔目。因孔目经常违例，不缴纳公田赋税。王益得知后，向上级禀告：“孔目大人，身为官吏，拒不按时纳税，岂能要下辖州县百姓按时纳税？”不久，朝廷派人将州吏孔目押至县内，并发布谕告。谕告大意为：“州吏孔目知法而玩法，罪不可免。杖其二十，并约定三日内将税款缴清。”县内百姓得知新任主簿王益铁面无私，大为鼓舞，纷纷前来缴纳赋税。甚至当地一些投机钻营的土豪劣吏，也都大为收敛，不敢贸然违法。王益耿直的作风和雷厉风行的办事效率使建安县政大治。

王益任建安县主簿三年期满，于天禧二年（1018）调任江南西路临江军判官。郡守常常不循理办事，王益与之据理力争。他为人果敢，敢于打击豪门大族，维护底层平民百姓的利益。当地的一些官吏，赠王益一绰号“判官滩”，称“此滩万难轻渡也”，意为任由万难的事也难不住判官。天禧五年（1021），正值王益任期即满，他喜得一子，取名安石。

王益为官六载，深得民心，但为庸吏刁民所憎。临江军判官期满后，升临江军属辖新淦县县令。任命下达后，新淦县百姓得知，纷纷翘首以盼。而豪门大族、庸官小吏因久闻“判官滩”之名而惴惴不安。他们聚集起来一同商量，决定赴上级疏通打点，想王益任期一满，即把他调离别处。可见，王益为官惩恶扬善的吏治，使得恶人皆有所畏惧。其后，王益领庐陵县，知新繁县，改殿中丞，寻知韶州，所到之处，抚爱百姓，吏治严明。

天圣八年（1030），王益任太常博士、尚书屯田员外郎、广南东路韶州知州。韶州地处广东，远离中原文化，当地百姓受封建礼教影响甚微。我们可以从当地富家嫁女的故事中窥见一斑。一个北方人来到广南，遇到一户富家嫁女就过来看热闹。终于迎亲的女婿到了，众人高呼：“王郎到了，王郎到了！”这个北方人早已等得不耐烦，闻声一看，瞠目结舌，原来新郎是个僧人。他大为震惊，便为此作诗一首：“行尽人间四百州，只应此地最风流。夜中花烛开新燕，迎得王郎不裹头。”然而，北方人眼中的这桩奇事在韶州一带并不算什么。

韶州一带的贫家之女，十四五岁时开始自营嫁妆，待置办齐全便可出嫁。当地的青年男女可以自由恋爱，女孩还可以选择自己喜欢的男子，父母不加干涉。据说广南一带，经常可以看到年轻男女在路上手牵着手，行为异常亲密。王益是读书人，长期受儒家文化的影响，早已形成“男女授受不亲”的传统思想。他到任后看到当地的这种风俗，认为这种民风有伤风化，严令当地男女不得相戏于大庭广众之下，如有违反，必当严惩。此后，当地的风俗得到了很大的改变。王益在韶州移风易俗，政绩十分显著。

王益为人刚正不阿，做事果敢，在韶州为官期间颇有政绩。据说韶州下辖的翁源县境内山林密集，常有猛虎出入，伤及行人。王益得知后，为了维护治安，派人上山捕虎。数月后，有人禀报翁源县打虎成功，喜获五虎。当地县令提着虎头献上，声称：“这些老虎都是自毙而亡。大人为官励精图治，政通人和，连老虎也为之感动。老虎听闻大人到任此地，后悔不该伤人，纷纷自杀而亡。”王益听后，笑道：“贵县捕虎有方，益深感为政在德，不在异端。虎请携回，与捕虎勇士同处之可也。”县令听后，羞愧而退。

王益在韶州为官三年，移风易俗、整肃治安、兴修水利、教化百姓，使韶州呈现出一片生机勃勃的景象。

王益为官平易近人，很少使用刑罚，常晓之以理、动之以情。据史书记载：“一以恩信治之，尝历岁不笞一人。”他对百姓如此慈爱，对待自己的孩子更是和蔼可亲、循循善诱，很少扮演“严父”的角色。他每日忙完公事，回到家中，常和孩子们一起谈论仁、义、礼、智、信和朝代更替治乱兴衰的故事。王益教子有方，鼓励他们多读书，对孩子的兴趣从不干涉。王安石从小受到父亲的影响，喜读史书。他勤奋好学，博闻强记，幼年随父在临川老家守丧三年，饱读了大量的诗书，如《史记》《左传》《论语》《诗经》《老子》《庄子》《尚书》《周易》《山海经》《文心雕龙》等。王安石年幼时，十分崇拜父亲，把父亲当作自己的偶像。在很大程度上，王安石日后的辉煌与父亲的言传身教是分不开的。王益为官一直有一种功成身退的想法，他对仕途的升迁并不在意。他为官做人的特点，后来也可在王安石的身上窥见一斑。王安石受父亲的影响和家风的熏染，中举入仕后以造福百姓为出发点，为官一任，造福一方。他务实的精神、勤勉的吏治以及日后为拯救大宋王朝而实施的变法，无不体现着临川王氏的家族风尚。

王安石母亲吴氏的谆谆教诲也为王氏家族的兴盛打下了坚实的基础。吴氏是江西抚州金溪县人，世代居住在距临川县城三十里外的乌石冈。父亲吴畋，博学多闻，一生未仕。母亲黄氏，喜读史书，善阴阳之术，是一位有学问、有修养的妇人。她的伯父吴敏和三位堂兄都是进士，一门书香。吴家在当地堪称名门望族，家大业大，文章之华，道德之光，享有盛名。吴氏生长在这样的家庭，从小就受到良好的教育。吴氏识文断字，喜爱读书，知识广博，做人有决断、识大体。王安石的好友曾巩为她作墓志铭称："夫人好学强记，老而不倦。其取舍是非，有常人所不能及者。"吴氏天性慈让，安贫乐道，待人宽厚。她是王益的续弦，安仁、安道是王益前妻所生，安石、安国、安世、安礼、安上是她的亲生子。她性情宽厚，对王益前妻所生的两个儿子关爱有加，胜过亲生儿子，以至于子孙成人后，根本不知她是后母。尽管家中并不富有，她却对投奔而来的穷亲戚慷慨解囊，毫不吝啬。

吴氏知书达理，教子有方，对孩子读书做人，要求十分严格。王安石和诸兄弟，在父亲王益的言传身教和母亲吴氏母仪妇德的养育下，自强不息，淡泊名利，洁身自爱，不随世俗沉浮，为以后的成才奠定了基础。

父亲王益的为官之道，母亲吴氏的育子之方，对子女产生了深远的影响。王安石兄弟七人中，有四人中进士，一门五进士在宋代实属罕见，堪称“科甲鼎盛”之家。王安石的三个妹妹也都通文墨，善作诗。王安石日后之所以能成为一个受人敬仰的政治家和文学家，与父祖的谆谆教诲和良好家风的熏染是分不开的。可见，临川王氏家族的优秀家风——耕读、中举、入仕、能吏等，对临川王氏家族的崛起产生了举足轻重的作用。

第二章

非凡少年

王文公像

第一节　天资聪颖　卓尔不凡

北宋真宗天禧五年（1021）十一月十二日清早，天刚蒙蒙亮，江西抚州临川军判官府内一派忙碌。原来临川军判官王益的妻子吴氏即将临盆。王益时年二十八岁，妻子吴氏十九岁，是他的续弦。这是他和吴氏的第一个孩子。在这之前，王益已经有两个儿子了，但对于第三个孩子的降生，一家人显得既兴奋又紧张。王益原配徐氏留下两个男孩，在生产时去世。因此，全家上下都十分紧张。随着一声清脆的啼哭声，一个新的生命诞生了。这便是王益的第三个儿子——王安石，小名“獾郎”，民间有“狐仙转世”之说。王益可能是受到晋相谢安的影响给儿子取名为安石，字介甫。谢安，字安石，是王益十分敬仰的一位文人。谢安在隐居时传说“安石不肯出，将如苍生何”。王益为儿子取这个名字，也是对他寄予了厚望。数十年之后，王安石真的成为大宋政坛上叱咤风云的人物，在中国历史上起到了举足轻重的作用，为后人所敬仰。

小安石的降临给王家带来许多欢声笑语。对于小儿子安石，王益满怀期望，关爱有加。小安石一生下来就不缺少玩伴，王益前妻留下的两个儿子安仁、安道，尽管当时年龄不大，但他们十分照顾弟弟。在随后的几年里，安石的弟弟安国、安世、安礼、安上和三个妹妹也相继出生，一家人更是其乐融融。王益和蔼可亲，对孩子们和颜悦色，从未发怒惩罚过他们。他经常给孩子们讲为人处世、忠孝仁义和历代治乱兴衰的故事。母亲吴氏对孩子们较为慈爱，她注重对孩子性情和品质的培养。在这样的家庭氛围中，王安石和兄弟姊妹们快乐地成长着。

然而，王家在临川并没有待很长时间，自安石出生不久，王益就宦游各地，足迹遍及大半个江西。王安石九岁随父到苍翠遍野的韶州，十二岁到山清水秀的新繁，十六岁到都城开封，十七岁又乘舟到江宁。俗话说“读万卷书，行万里路”，王安石少年时代游遍名山大川，遍览各地风情，感受民间的疾苦，对他心灵的成长和道德的养成具有十分重要的影响。王安石随父宦游的经历，扩大了他的眼界，增长了他的阅历。他目睹了百姓的贫困，切身感受到社会的弊端，于是从小就产生了拯救大宋王朝的远大抱负。在他青年时代所作的《感事》《忆昨诗示诸外弟》二首诗文中可见。

感　　事

丰年不饱食，水旱尚何有？

虽无剽盗起，万一且不久。

忆昨诗示诸外弟

男儿少壮不树立，

挟此穷老将安归？

王安石从小就被人们称作神童。他幼年智力超群，卓尔不凡，记忆力出众。《宋史 · 王安石传》中记载：“安石少好读书，一过目终生不忘。其属文动笔如飞，初若不经意，既成，见者皆服其精妙。”王安石九岁开蒙，但一发不可收，学业突飞猛进。哥哥安仁、安道四年读的《尚书》，安石两年就读完了。私塾先生对他实行放任政策，给予一定的“特殊优待”，允许他根据自己的兴趣自由阅读书籍，扩大读书的范围。私塾先生不止一次对安石的父亲说：“此子断非池中物，迟早必成大器。”

相传王安石儿时有“瑶田对诗”的故事。夏日的一天，天气十分炎热，私塾先生给学生们出了几道题后，自己就伏案闭目养神，不一会儿便呼呼大睡起来。学生见老师睡着了，便悄悄地溜出去玩耍。瑶田村口有一口池塘，名叫瑶池，池塘的水又清又凉，孩子们便蜂拥至池塘里洗澡。他们一个个脱得精光，“扑通扑通”地跳进了池塘，好不快活。私塾先生一觉醒来，看看天色，星星已经出来，私塾早已空空如也。他知道自己睡过了头，便缓缓拂袖，走出私塾。这时，一阵清风拂面吹来，不时传来孩子们的嬉笑声。先生闻声走向池塘，只见孩子们正欢快地打着水仗，先生气得胡子直发抖。第二天上课，先生出了一个对子，要考考学生，谁若对得不好就要受到责罚。上联是“弟子贪玩荒学业”。王安石当即站起来，对出下联“先生爱睡误弟子”。先生顿时一愣，又出一个对子“夜闹瑶池，搅动满天星斗”，暗示自己已经知道他们昨日到池塘洗澡的事。王安石从容应对：“晨破书海，重整万里江山。”“对得好！”先生心生欢喜，居然忘记向学生问罪了。

王安石从小聪明伶俐，人们都称赞他聪明过人。一日，王益想试试儿子是不是真的聪明。他坐在屋里，命人把安石叫到堂屋，对他说："大家都说你很聪明。今天，我倒要看看你到底有多聪明。我在屋里坐着，你若能把我请到屋外，我就认输。"王安石想了一下，走出屋外，然后又走到父亲的面前，说："爹爹，不如您走出屋子，我把您请回屋内如何？"王益笑道："好啊，就依你吧！我倒要看看你如何把我请回屋里来，哈哈——"说着，他走出屋去。王益正等着儿子展示聪明才智，却听到安石笑嘻嘻地说："爹爹，我已经把您请到屋外了。"王益一听，这才反应过来，哈哈大笑。可是，王益不死心，还要再试，于是，对安石说道："这次算你赢了！但是，刚才你说如果我到屋外，你能把我请回来啊！我要看看你的真本领。"安石说道："好的，爹爹！我去书房拿点东西，一会儿就回来。"这时，安石的母亲吴氏从外面回来，她看见王益站在院子里，便问："这天要下雨了，你为何站在屋外呢？"王益笑着说自己正在和儿子打赌。吴氏笑道："你这儿子正在外面玩得高兴，兴许早把这事忘了。这天眼看就要下雨了，你还是回屋吧。"王益听了吴氏的话觉得有道理：毕竟安石是个小孩子，或许想不出办法，看外面好玩早把打赌的事忘记了。这时，天空中响起"轰隆隆"的雷声，安石跑回来对父亲说："爹爹，马上要下雨了，您快回屋里来吧！要不淋雨受凉会生病的。"王益正在犹豫，听到儿子呼喊立即走进屋来。这时，安石笑着说："爹，这不，我把您请回屋来了。"说完，两人都哈哈大笑起来。

王安石小时候住在临川城内的盐步岭，离家不远处的街口有一家面馆，他每天上学都要经过这家面馆，也经常在这里吃饭。久而久之，安石和这家面馆的老板和伙计都很熟。

有一天，王安石到这家面馆去吃面，老板和伙计想考考王安石的聪明才智，故意不给他端面。王安石等了很久，也不见伙计给他端面，而后来的人都吃上了面。于是，王安石问跑堂伙计："伙计，这么久了，我要的面做好了吗？"伙计答道："马上就来！"不一会儿，只见跑堂伙计走来，他拿了一双筷子递给小安石说："娃子，你要的面做好了，掌勺师傅说让你自己去端面。"王安石一听，径直向厨房走去，只见灶台上放着一碗热气腾腾的鸡蛋面，滚烫的面快要溢出来了。掌勺师傅笑眯眯地说："娃子，这碗面是我特意为你做的，味道格外鲜美，量也特别大。你若能把面端到店堂上，一点汤都不洒出来，这面算你白吃，分文不收！"安石答道："此话当真？"师傅说："这么大的面馆，我还出不起一碗面吗？"王安石灵机一动，只见他用筷子在碗里一伸，轻轻把面挑起，这时碗里只剩下了半碗汤。就这样，王安石一手端着碗，一手用筷子挑着面，稳稳当当地把一碗热汤面端到店堂的桌子上，开始品尝美味的鸡蛋面。面馆里的人都不住地称赞道："王安石真聪明啊！"

然而，天才和刻苦努力是分不开的。王安石聪明勤学，饱读圣贤之书。为了读书，王安石废寝忘食，简直像一个书呆子，以至于闹出不少的笑话。少时，父亲送他到灵谷峰上的龙甲书院读书。龙甲书院坐落在风景秀丽的灵谷山峰，由一位饱读诗书的老儒创办。此处山清水秀、环境优美，很适宜读书，王益带着安石慕名来此求学。这位老先生知识渊博，博古通今，教授得法，安石跟着他读书简直是如鱼得水，学业也突飞猛进。有一次，他读书一夜未眠，到了天亮，案头上的油灯仍然亮着。那时在书院里读书需要由学生们轮流做饭。这天正轮到王安石做饭，可是他读书正在兴头，居然把做饭这件事忘了。待到日上三竿，快要吃饭时，先生见厨房仍无动静，便来查问。他看到王安石仍在书案前埋头苦读，便揪着他的耳朵到屋外让他看太阳升得有多高。王安石这才想起轮到他做饭了，便急忙跑进厨房拿着纸到留有火种的火笼里点火，谁知火种却熄灭了。情急之中，王安石跑向山下的村子里去借火。半晌过去了，王安石气喘吁吁地跑回来了，先生故意问他："你去何处了？"安石急忙回答道："学生到山下的村庄去借火了，现在准备烧饭。"先生忍不住笑着说："你舍近求远啊！书案上的油灯难道不能取火吗？非要下山去借火……"王安石不好意思地拿起书案上的油灯，准备跑到厨房引火。同学们笑着走过来，拉住安石的手说："你还是不要去了，赶紧去吃饭吧！等到你借火回来，我们和先生的肚子早就饿得咕咕叫了。"原来，王安石跑下山后，先生又派另一个学生去烧火做饭了。于是，先生惩罚他，命他以"误炊"为题作诗一首。王安石当即提笔写下一首五言诗。

红日窗前照，夜读竟忘饥。

早知灯有火，饭熟几多时。

先生看后，轻轻点头，拿起笔来，将"红日窗前照"中的"照"字圈出，改为"叫"字。王安石看后，不禁心生感激。原来先生这"叫"字，不仅有指点之意，更蕴含着浓浓的关切之情。从此，王安石读书入迷、废寝忘食的故事在民间广为流传。

宋仁宗明道二年（1033），王安石的祖父王用之不幸去世。于是，王安石随父亲王益回老家奔丧，为祖父守丧三年。其间，王安石听说宜黄县有个名为“琴云馆”的书院，书院坐堂先生杜子野，博学多才，是一位有名的贤士隐儒。王安石挑着书箱和行李，从家乡临川来到书院向杜先生求学。杜先生十分喜欢聪明伶俐、勤奋好学的王安石。在杜先生的指导下，王安石刻苦学习，发奋读书。他虽然年纪小，但却能和先生一起谈诗论文，切磋学术，探究疑点，朝夕不倦。

一天，王安石在书房看书，当他读到王仁裕《开元天宝遗事》关于李白妙笔生花的故事时，不禁油然而生一个念头：“若自己有一支这样的神奇之笔该多好啊！可以著书立说，传播知识，造福百姓，大展宏图……”然而，怎样才能得到这样一支笔呢？王安石向杜先生请教。先生心中暗想：“这孩子年纪还小，难免有急于求成之心。但凡事欲速则不达，我为何不因势利导呢？”于是，先生语重心长地告诉他：“孩子，这世上真有生花之笔。只是有的笔可以长出花，有的笔却不能，但凡人的眼睛很难分辨生花之笔啊！”王安石见先生如此肯定，心中窃喜，问道：“那么，先生能送给我一支生花之笔吗？”于是，杜先生拿来一大捆毛笔，对王安石说：“这里有九百九十九支笔，其中有一支是生花之笔，究竟是哪一支，我也很难分辨，还是你自己去找吧！”王安石看到这么多笔，有些傻眼，便躬身向先生问道：“学生眼浅，请先生指教。”杜先生沉思片刻，严肃地说：“现在只有一个办法，就是一支一支地去试。你要用每支笔去写文章，写秃一支再换一支，这样坚持下去，才能找到那支生花之笔。除此之外，别无他法。”

此后，王安石遵照杜先生的教导，每日勤学苦练，写秃一支笔换一支笔，足足写秃了五百支笔。日子一天天过去，安石写出来的文章仍然一般，也没有发现那支生花之笔。他有些泄气了，便跑去问杜先生：“先生，我写了这么久，怎么还没有发现那支生花之笔呢？”先生看着安石，并没有说什么，而是挥笔写下“锲而不舍”四个大字送给他。

安石受到先生的点拨，心中不再疑惑，他更加勤奋努力了。过了一段时间，王安石把先生送给他的九百九十九支笔全部写秃了。一天深夜，他提起第九百九十九支笔写下一篇《策论》，只觉得文思泉涌，下笔如行云流水，一气呵成。写成后，安石细细品味，甚是合意。他高兴地跳起来，大声喊道：“先生，我找到生花之笔了！”

王安石终于明白了先生的良苦用心。世上本无生花之笔，只有辛勤付出才能有所收获。若想获得成就，就必须付出超常的努力，持之以恒，磨砺意志，这才是真正的“妙笔生花”啊！从此，王安石用这支“生花之笔”勤奋苦学，在乡试、会试中连连高中。此后，他又用这支“生花之笔”写下了许多改革时弊、治国安邦的好文章，成为大宋有名的宰相，诗坛著名的文人。

第二节　胸怀大志　发奋读书

明道二年（1033），祖父王用之病故，王安石随父母从韶州赴临川老家奔丧。一家路过母亲娘家金溪，暂住舅舅家。王安石早闻金溪出了一个神童，名叫方仲永。说起方仲永，只比王安石大一岁，祖上世代是农民，没有一人读书做官。然而，方仲永五岁时，有一天他突然哭闹着要笔墨纸砚。他的父亲感到十分惊讶：这孩子从未识过字，更没见过什么笔墨纸砚，要来做什么呢？他父亲觉得好奇，就跑到附近人家借来纸笔给仲永。方仲永接过笔后，不假思索，当即写下一首四言诗。写完后，他还给诗取了一个新颖别致的题目，并把自己的名字附上。仲永的父亲见儿子无师自通，十分惊奇，但自己也不懂儿子写的是什么，便请乡里的秀才给看看。秀才一看，赞不绝口道："此乃神童也！"仲永所作诗文记述了孝敬父母、团结族人的事。很快，这件事情就传开了。此后，人们见到仲永，随指一物，他当即吟诗作对，脱口而出，文法修辞和内涵都值得欣赏。乡人们称赞他是神童，将来必有出息，纷纷与他家结好并盛情款待他们父子，甚至还有人花钱请仲永作诗相赠。后来，他的父亲见有利可图，便每日什么也不做，也不让儿子读书学习，带着儿子到乡人家中作诗，接受人们的宴请，收取钱财，以此为生计。

王安石听说金溪有这么一位神童，心情很激动，很想和这个与自己差不多大的少年结交为朋友，一同切磋学习。仲永的诗到底怎样？他的思想是否与自己的理想抱负相契合呢？他是否愿意和自己交往呢？带着种种疑问，王安石决定和仲永比试作诗，以此来试探他。于是，王安石请舅舅将仲永邀请到家中，取出笔墨，和仲永作诗。方仲永想了许久，才写出一首诗来。王安石一看，大失所望，远不如传说中的那么精彩。仲永作的诗，内容乏味，基本符合对仗，仅仅是文理通顺罢了。安石觉得很奇怪，便向舅舅寻个究竟。舅舅回答："仲永太可惜了。他家境贫寒，得不到正常的教育，父亲为了生计，天天领着他到处写诗赚钱，荒废了学业。"

七年过后，王安石又一次随父母来到舅舅家，他忍不住向舅舅打听神童仲永。舅舅回答说："他现在已经和普通的老百姓一样，只会侍弄鸡鸭，耕种农田，再也写不出什么诗来，以前会的那几个字也早已忘光了！"王安石得知神童仲永现在和常人没有什么两样，深感惋惜。他有感而发，写下《伤仲永》一文：

金溪民方仲永，世隶耕。仲永生五年，未尝识书具，忽啼求之。父异焉，借旁近与之，即书诗四句，并自为其名。其诗以养父母、收族为意，传一乡秀才观之。自是指物作诗立就，其文理皆有可观者。邑人奇之，稍稍宾客其父，或以钱币乞之。父利其然也，日扳仲永环谒于邑人，不使学。

余闻之也久。明道中，从先人还家，于舅家见之，十二三矣。令作诗，不能称前时之闻。又七年，还自扬州，复到舅家问焉，曰："泯然众人矣。"

王子曰：仲永之通悟，受之天也。其受之天也，贤于材人远矣。卒之为众人，则其受于人者不至也。彼其受之天也，如此其贤也，不受之人，且为众人；今夫不受之天，固众人，又不受之人，得为众人而已耶？

王安石把此文命名为《伤仲永》，"伤"字既凸显了安石对仲永的惋惜和对摧毁天才少年父亲的责难，又表达了后天学习和教育的重要性，告诫人们不能仅凭天资而不思进取，必须加强后天的学习与教育。王安石作此文，既是对神童仲永的惋惜，也是对自己的鞭策。此后，王安石更加热爱学习，珍惜学习机会，谢绝一切应酬，闭门苦读。"桃花石城坞，饷田三月时。柴门常自闭，花发少人知。"这首诗记录了王安石闭门读书的生活情景。在这段时间里，王安石苦学知识，研读了大量的书籍，逐渐完善了自己的治学思想，为今后的治国理政打下了坚实的基础。

少年王安石志存高远，读书广博。他曾谦卑自称"某生十二年而学"，是说他十二岁的时候开始真正汲取知识，确立了远大的理想。他在《忆昨诗示诸外弟》中写道：

忆昨此地相逢时，春入穷谷多芳菲。
短垣囷囷冠翠岭，踯躅万树红相围。
幽花媚草错杂出，黄蜂白蝶参差飞。

此时少壮自负恃，意气与日争光辉。

乘闲弄笔戏春色，脱略不省旁人讥。

坐欲持此博轩冕，肯言孔孟犹寒饥。

这首诗表达了王安石气吞山河的豪情壮志，反映出他在少年时代就有远大的理想抱负。但该诗也反映出他年少轻狂的特点，如“坐欲持此博轩冕，肯言孔孟犹寒饥”。他讥讽当朝统治者和迂腐的儒者，固守着孔孟圣人的光环，不思进取，最终落得饥寒交迫，流离失所。王安石在少年时代就产生了强烈的理想抱负，树立了明确而远大的人生目标。为了实现自己的理想目标，他付出艰辛的努力。王安石立下宏伟的志向：一是修身养德，二是治国平天下。然而，王安石决不读死书，他总能从书中汲取丰富的知识，从书中激发出灵感，迸发出独到的见解。正是其读书的深度和广度，造就了他广阔的学术视野和敏锐的政治眼光。少年的王安石风华正茂，胸怀大志，发奋读书，努力学习，大有一股“粪土当年万户侯”的气概。当时，正值仁宗赵祯在位，北宋建立不过六十余年，社会矛盾和民族危机重重。宋辽战争刚刚平息，西夏又蠢蠢欲动。仁宗明道元年（1032），西夏国主李德明去世，其子元昊继位，为加强集权统治，于景祐元年（1034）起兵反宋，宋夏战端开启。西夏寇边，国无大将，举国哗然，大宋的文官们只会纸上谈兵，却无人能冲锋陷阵，领兵打仗，急得仁宗皇帝直犯难。摇摇欲坠的大宋，亟须拯救。此时王安石仅十二三岁，国难当头，他感慨万端，愁闷至极，提笔写下《闲居遣兴》：

惨惨秋阴绿树昏，荒城高处闭柴门。

愁消日月忘身计，静对溪山忆酒樽。

南去干戈何日解，东来驲骑此时奔。

谁将天下安危事，一把诗书子细论。

这首诗是王安石早期的作品，刻画出一个身处“荒城高处”刻苦读书的少年形象，表现出少年王安石心忧国事、期待报效国家的壮志豪情。当时的宋朝文强武弱，频频遭受辽和西夏的侵犯，只能每年送辽和西夏银两、绢帛、茶叶等维持一时的和平。然而，辽和西夏仍在边境时不时地寻衅滋扰。作为宋朝的子民，王安石痛感耻辱，从内心深处萌发富国强兵、抵御外敌入侵、使百姓安居乐业的志向。此后，王安石逐渐摆脱了幼稚轻狂。他发奋读书，期待着将来建功立业。

第三节　人生转折　风雨无情

时光飞逝，转眼间三年守孝期满，王安石随父亲再次踏上宦游的旅途。按照大宋的惯例，王益需要到吏部报到，等候重新起用。景祐三年（1036），王安石第一次随父来到京城汴梁。

王益进京半年后，于景祐四年（1037）四月，被朝廷委任江宁府通判一职。于是，王安石随父来到将与自己有着不解之缘的江宁府。江宁府是六朝故都、东南重镇，此地经济发达、文化繁荣，具有深厚的文化底蕴。对于王安石来说，江宁府是难得的学习好去处。在江宁居住的日子里，王安石仍闭门苦读，他怀着报效国家的理想，刻苦学习，欲建功立业。这段时间，他遍览各类史书，学习诸子百家，甚至连农学、医书、小说等书也不放过，还对佛学经典产生了浓厚的兴趣。学习之余，他时常走进田间地头，体察民间疾苦，积累了丰富的社会经验。

然而好景不长，在他们一家居住江宁的第三个年头，王家遭遇了重大的变故——一家之主王益去世了。王益一生兢兢业业，造福百姓，宝元二年（1039）卒于江宁府通判任上。王益清正廉洁，为官多年而不置产业，他的去世使一家老小失去了唯一的经济来源和依靠。那年安石十九岁，他不能再像从前那样无忧无虑地读书了，而要为一家人的生计着想。王安石看着一家人泣不成声，心中产生了极度的悲伤和忧愁，他不知道父亲走后一家人该怎么生活，也不知道自己究竟该何去何从。夜深人静，王安石一人独坐屋外，仰望星空，陷入沉思，这一经历令他终生难忘。王安石在《忆昨诗示诸外弟》中写道：

昊天一朝畀以祸，先子泯没予谁依？

精神流离肝肺绝，眦血被面无时晞。

母兄呱呱泣相守，三载厌食钟山薇。

王益去世后，后人并没有按照习俗将其遗体运回老家临川安葬，而是依照其遗愿将遗体暂时埋葬于江宁，直到九年后才安葬于临川老家的牛首山。因此，王益死后一家人仍暂居在江宁，江宁也就成为王安石的第二故乡，最终也成了他的魂归之处。

失去了父亲的依靠，王安石变得更加成熟。虽然他很久才从丧父之痛中走出来，但他深深地懂得人死不能复生，活着的人要坚强地活下去，自己已经成年，应肩负家庭的重担，承担起照顾一家老小的责任。王安石更加发奋努力，他在少年时立下的报国志向和此时面临的家族使命，唯有参加科举才能实现，但按照习俗儿子应为父守孝三年，守孝期间不得参加科举考试。在这三年中，王安石承受着巨大的精神和生活压力，他感到重担压得自己喘不过气来。此时的王安石，不仅要为一家老小的生计担忧，还要为实现自己立下的鸿鹄之志而努力奋斗。继承父亲的遗志和振兴家族的使命让他不敢有任何松懈，他把自己的命运、家族的兴衰与国家的兴盛紧紧地连在一起，这些理想抱负终将在三年后的科举考试中迸发出来。

守孝的日子里，王安石潜心学习，他和王安仁、王安道二位哥哥一同进入太学，兄弟三人相互切磋，在国家的最高学府里学到了许多知识。同时，王安石还结交了一些志同道合的朋友。其中一个叫李通叔的，字不疑，福建人。在太学的诸生里，李通叔胸怀大志，无半点华虚荡肆之学。他与王安石十分投缘，二人经常在一起切磋，相互赠送诗文。王安石作《太阿》赠予李通叔，李通叔作《双松》回赠给王安石，二人相处得十分融洽。他们不爱富贵，不羞贫穷，唯以归于大道、恩泽百姓为己任，相处甚欢。与李通叔的交往使王安石在为人处世和学识修养方面获益匪浅。王安石很欣赏李通叔的文采和学识，他回忆说："自予之得通叔，然后知圣人户庭可策而入也。"然而，不幸的是李通叔在太学的一次选拔考试中落榜，回乡途中乘船至建溪时，因水暴涨而翻船，不幸溺水而亡，年仅二十八岁。王安石听闻噩耗，提笔写下《李通叔哀辞》一文，表达了对友人沉痛的哀悼和无限的惋惜。文中云：

我思古人兮，维友之求；燕处日讲兮，行相为谋。相翼以进兮，相持以修；要归于道兮，不入于尤。卒圣若贤兮，其本则然；我无以是兮，甚惧以忧。猗嗟吾子兮，畜德挟材；杰然自如兮，不群庸游。考讲六艺兮，造穷微深；菲富贵慕兮，匪贱穷羞。曰予既逢兮，朝夕其旁；仁义之光兮，忠信之陬。邪志荡夷兮，正气独完；吾子赐我兮，于安以畴。尚曰子兴兮，羽仪于世；吾君德泽此兮，淳淳固偷。孰神不棐兮，陨子盱溪；子生适然兮，欲谁分。所嗟存者兮，志孤道辽；子之不就兮，一朝而休。死不以所兮，谁得子尸？谁磁于棺兮，谁坎于丘？予欲恸哭兮，子岂有闻？子不可作兮，予生之愁。

仁宗庆历元年（1041），王安石二十一岁，三年守孝期满，他决定奔赴京城参加科举考试。如果不是父亲早逝，王安石早就可以进京赶考了，说不定还能同父亲一起在朝廷任职。此刻，王安石做好了充分的准备，他暗下决心：“一定要考好，一来可以解决一家人的生计，光宗耀祖；二来可以做官造福百姓，为国富民强、振兴大宋而奋斗。”

次年，王安石来到京城。他一路打听，投宿到庆远客栈。这里都是从各地赶来参加考试的举子，王安石想在这里结交一些志同道合的朋友。一日，王安石正在屋里复习，忽然听见隔壁有人议论宋军大败的战事。他透过话音感受到这位学人语气平和，思想活跃，沉稳而坚毅。王安石被隔壁的谈话所吸引，想结识这位有思想见地的学人。于是，他起身敲开隔壁的房门，向里面的学人拱手作揖道：“兄台，在下王安石！在屋中听到您的高谈，甚有见地，故而冒昧前来讨教学习，不知可否？”这位学人微笑着说道：“请进！在下曾巩。今日结识仁兄，真是幸会！”就这样，他们二人促膝而谈，甚是欢喜，从此结为好友。

曾巩是王安石的老乡，抚州人。他满腹经纶，但因这次科举失利，不得不回到家中准备下次再考，而二人的友情却一直不曾中断。和王安石相识后，曾巩阅读了安石的许多文章，颇为钦佩，深感相见恨晚。曾巩比王安石年长几岁，他对这位朋友大为赞赏，还将安石的文章介绍给当时名声显赫的欧阳修。欧阳修看后，对王安石的文章大加赞赏，还亲笔誊写了几篇佳作，细细品鉴。当时欧阳修颇负盛名，能受到他肯定的并不多见，可见王安石的学问不同凡响。

庆历二年（1042）初春，王安石同众举子们参加春闱。当时的科举考试通过诗赋文章来选拔人才，而王安石认为诗赋是抒情玩赏的，对治国理政并无太大的帮助。于是，他在试院作《试院中》写道："少年操笔坐中庭，子墨文章颇自轻。圣世选材终用赋，白头来此试诸生。"可见，王安石并不流于俗套，他独立的思想和率直的性格也可从中窥见一斑。王安石顺利通过礼部三场考试，最后参加皇帝亲自主持的殿试。这次殿试录取人数多达839人，是历届考试中录取人数最多的一次。这批录取的学子中有一些成为宋朝政坛上重要的人物，对后世产生了深远的影响。

王安石在考试中沉着应对，心无旁骛，才学出众，所答相当出色，考官们连声称赞。最终考官们将考卷按照考试成绩排好名次呈给仁宗皇帝，即王安石第一，王珪第二，韩绛第三，杨寘第四。然而，仁宗皇帝读到王安石文中的"孺子其朋"大为不悦，怒斥道："此话犯了大忌，不能把他定为状元。"再看看第二名王珪的卷子，觉得也很好，但又查了查王珪有官职在身，直到看到杨寘的卷子，才最终定下杨寘是新科状元。这样，原本的状元变成了第四名，连三甲也未进入。

王安石文中的"孺子其朋"出自《尚书》，其云："孺子其朋，孺子其朋，其往。"是周公对成王的告诫，意思是说："你还年轻，自今以后要和群臣融洽相处。"此句有长辈对晚辈的教诲之意。所以，王安石引用周公的这句话，实在欠妥。后来，王安石得知自己未中状元，并不在意，而是冷静地说：“状元不状元不重要，历朝历代也出了很多状元，但真正能成就事业的又有几许人也？”后人评价：“然荆公生平未尝略语曾考中状元，其气量高大，视科第为何等事耶。”

王安石从此次科举考试中最终走向仕途，成为宋朝的宰相。说来也巧，前三名的王珪和韩绛，他们后来也做了宰相，并且，还与王安石成为好友。韩绛、韩维二兄弟与安石关系甚好，他们的外祖父王旦是真宗朝宰相，父亲韩亿是仁宗景祐年间的副相。韩绛、韩维二兄弟曾做太子赵顼的伴读，兄弟二人常在太子面前提起王安石，他们还拿安石的文章给太子赵顼看。太子看后，对安石的文风和见解大为赞赏，为日后起用安石为相奠定了基础。

考中进士后，王安石在京城等待朝廷的任命。这段时间，王安石与同科好友品评诗书，谈古论今。庆历三年（1043），朝廷的委任下来了，王安石被任命为秘书郎签书淮南节度判官厅公事，简称淮南签判。考中进士这年安石二十二岁，与父亲王益中进士的年龄相同。此时的安石，终于可以告慰九泉之下的父亲了。接到委任后，王安石赶忙收拾行囊，告别京城，踏上回乡之路。经过两个多月的行程，王安石回到日思夜想的家乡。王安石向母亲和兄弟们畅谈自己在京城的所见所闻，全家都沉浸在无比的喜悦中，他们憧憬着美好的未来。

第三章

坎坷仕途

王安石像

第一节　初入仕途　欲展宏图

王安石入仕后的第一个职务是淮南签判，治所在扬州。宋代往往选派京官充任州府的助手，称作签书判官厅公事，简称签判。王安石每日忙完公务，便一门心思埋头读书。他怀着家族使命，以造福百姓为己任，不断地从书中学习治国之道，等待有朝一日能大显身手。这些都和父亲王益为官清廉、造福百姓密切相关。王安石自幼跟随父亲宦游各地，耳濡目染，受到良好的熏陶。他从小就明白如何做一个好官，如何为国家强盛、百姓安康而努力。

上任淮南签判三个月后，王安石请假回乡，一是为了省亲，二是为了成亲。回家期间，二十三岁的王安石迎娶了十九岁的表妹吴氏，也就是舅舅的女儿。回到家乡，他自然不会忘记去拜访在京师结识的好友曾巩。二人在京城分别后，一直保持着书信往来。还未等安石去拜访，曾巩已特意前来会友叙旧。曾巩作诗《过介甫》叙述了好友相见的情景。诗中写道：

日暮驱马去，停镳叩君门。

颇谙肺腑尽，不闻可否言。

淡尔非外乐，恬然忘世喧。

况值秋节应，清风荡歊烦。

徘徊望星汉，更复坐前轩。

他们相见甚欢，彼此互赠诗文。安石作《还自舅家书所感》，曾巩读后赋诗《酬介甫还自舅家书所感》一首。安石临行前又回访曾巩，作诗《同学一首别子固》赠予曾巩。二人情谊甚笃，后来王安石全面推行变法时，曾巩也给予了很大的帮助。

在家乡的这段日子里，王安石思考了许多，包括自己的过去、现在和未来。他有感而发，写下《忆昨诗示诸外弟》一首，描述了他的成长经历。

忆昨此地相逢时，春入穷谷多芳菲。

短垣囷囷冠翠岭，踯躅万树红相围。

幽花媚草错杂出，黄蜂白蝶参差飞。

此时少壮自负恃，意气与日争光辉。

乘闲弄笔戏春色，脱略不省旁人讥。

坐欲持此博轩冕，肯言孔孟犹寒饥。

丙子从亲走京国，浮尘坌并缁人衣。

明年亲作建昌吏，四月挽船江上矶。

端居感慨忽自寤，青天闪烁无停晖。

男儿少壮不树立，挟此穷老将安归?

吟哦图书谢庆吊，坐室寥寞生伊威。
材疏命贱不自揣，欲与稷契遐相晞。
旻天一朝畀以祸，先子泯没予谁依？
精神流离肝肺绝，眦血被面无时晞。
母兄呱呱泣相守，三载厌食钟山薇。
属闻降诏起群彦，遂自下国趋王畿。
刻章琢句献天子，钓取薄禄欢庭闱。
身著青衫手持版，奔走卒岁官淮沂。
淮沂无山四封庳，独有庙塔尤峨巍。
时时凭高一怅望，想见江南多翠微。
归心动荡不可抑，霍若猛吹翻旌旂。
腾书漕府私自列，仁者恻隐从其祈。
暮春三月乱江水，劲橹健帆如转机。
还家上堂拜祖母，奉手出涕从横挥。
出门信马向何许，城郭宛然相识稀。
永怀前事不自适，却指舅馆排山扉。
当时髫儿戏我侧，于今冠佩何颀颀。
况复丘樊满秋色，蜂蝶摧藏花草腓。
令人感嗟千万绪，不忍苍卒回骖騑。
留当开樽强自慰，邀子剧饮毋予违。

该诗叙述了王安石自幼年至二十三岁的成长历程。著名学者梁启超称：“此乃不啻公（王安石）二十三岁以前自述之小传也。其天性孝友之纯笃，固盎然溢于楮墨间，而所谓欲与稷契遐相晞者，盖自弱冠时而所志固已立矣。”这首诗生动再现了王安石的成长经历，值得后人学习和借鉴，同时也为后世研究王安石青少年时期的生活提供了珍贵的资料。

探亲的日子很快过去了，王安石又回到扬州任职。传说王安石在扬州任职时有一个“四相簪花”的故事。庆历五年（1045），韩琦任扬州太守，在府衙的后花园里栽了一盆芍药。此花四枝各开一朵，花瓣上下呈红色，中间有黄蕊间隔，故称“金缠腰”，又叫“金带围”。韩琦在府衙里无意中看到这四朵芍药，十分欣喜，就请在扬州供职的王珪、王安石一同赏花。为了和“金缠腰”的四蕊相配，韩琦又请州钤辖诸司使过来，但他身体不适，未能参加，韩琦只好和王珪、王安石三人一同赏花。正在谈笑风生之时，突然有人来报，大理寺丞陈升之前来探望韩琦，四人便一同赏花。饮酒赏花之际，韩琦剪下四朵“金缠腰”，在每人头上各插一朵。说来也巧，此后三十年参加赏花的四个人竟然都做了宰相。韩琦、王安石、王珪、陈升之四人先后为相，正应了“金缠腰”吐四蕊之兆。这就是有名的“四相簪花”的故事。

王安石在扬州任职的第一年，北宋发生了一件大事。仁宗皇帝采纳了范仲淹的《答手诏条陈十事》中的大部分建议，宣布实施变法，史称“庆历新政”。范仲淹提出的改革方案以整顿吏治为中心，通过整顿官僚队伍来缓解阶级矛盾，进而达到克服危机、稳定秩序的目的。改革实施期间，宋朝似乎再现建国初期欣欣向荣的景象。王安石对这次改革给予了很大的希望，但总觉得改革有些不完善的地方。果然好景不长，庆历新政因针对的是官僚阶层，触犯了特权阶层的既得利益，遭到了他们的强烈反对。保守派官僚阶层和遭受打击的特权阶层，恶意攻击范仲淹等人结党叛乱。这些诬告动摇了仁宗皇帝的决心。范仲淹无法继续开展改革，被调往西北前线任职，富弼、韩琦等参与变法的人也被贬官罢职。庆历五年（1045），新政被废，有所好转的局面再次被打破，全国陷入了危机之中。新政的失败，使王安石深感惋惜，但也更加坚定了他改革的信心。王安石在扬州任职的第三年，韩琦被贬为扬州知府，成为王安石的上司。按理说，能力卓然、力图革新的韩琦应会对才华横溢、志向远大的王安石大为赏识，然而，恰恰相反，二人的关系并不融洽，甚至还曾因政见不一而相互攻击。

关于韩琦、王安石有这么一则故事。韩琦任扬州知府，王安石任签判。王安石经常读书至深夜，甚至通宵达旦，困了就趴在桌上眯一会儿，常常刚睡下就到工作的时间了。他总是顾不得洗漱，急急忙忙奔向府衙。韩琦看到王安石蓬头垢面、衣冠不整，以为是夜里寻欢作乐所致，因此，对王安石抱有成见。一日，韩琦对王安石说："你还年轻，要多读书，不要虚度年华，放弃自己啊！"王安石听后，不加辩解，只是低头不语。他认为："清者自清，不辩亦清；浊者自浊，万辩尤浊。"王安石这种简单而率真、纯粹而不功利的性格多受父亲王益的影响，并且在儿子王雱的性格中也多有体现。后来，经过一段时间，韩琦发现王安石的才华，想收他为门生，王安石却不肯接受。

王安石与韩琦这两位北宋叱咤风云的人物，总是产生不同政见，甚至相互攻击。但是，到了晚年，王安石曾批评自己早年对韩琦的偏见，他说，"久而再惟，滋以自愧"，甚至还赞扬韩琦"忧国爱君，任民恤物之方"，"宾礼贤豪，包收疵贱"。

第二节　做官为民　造福百姓

转眼间，王安石在扬州任期已满，因与韩琦相处得并不融洽，因此任期一满他便离开了扬州，回京城述职。按照宋代的官僚制度，前五名进士高第者，可以呈文向朝廷请求任馆职。宋代是个重文轻武的朝代，若任馆职，必是文采一流的才子，这是一条快速升迁的为官之路。然而，王安石并没有选择这条路，而是请求外任地方，造福一方百姓。

庆历七年（1047），王安石被任命为鄞县知县。那年王安石二十七岁，虽然仅仅是个小县令，但他非常高兴，因为他可以自己做主大显身手了。接到任命后，王安石怀着激动的心情马不停蹄地赶到鄞县。一到任，他便迅速投入到工作中。

鄞县是王安石从政的第一个地方。他把自己的远大抱负和多年学习积累的经验全部运用到这块土地上。在鄞县任职期间，王安石把鄞县治理得井井有条。最值得称道的是他在鄞县兴修水利。初到鄞县的王安石，听说鄞县最大的问题是每到旱季就极度缺水，尤其是缺农业用水。而鄞县本身是水源充足的地区，怎么会极度缺水呢？王安石亲自实地考察，多次走访，详细记录所到之处的农田水利状况。通过走访和深入分析，王安石发现了问题之所在。他发现鄞县并非缺水，而是缺乏水利设施。鄞县在十国时期，就曾兴修过水利，设置了营田官吏专门负责疏导河道，因此该地一直不缺水，但是到了现在，原来那些水利设施早已荒废。当地的官吏不顾百姓的生活，不去实地考察，而是将缺水归罪于老天爷不下雨，实际上缺水是官吏的不作为导致的。王安石针对农田水利问题，展开周密的部署，制定了一套完备的兴修水利的方案，全面进行开渠和筑堤。当地的百姓听说新上任的县令要兴修水利，十分高兴，纷纷投入到水利建设中去。经过全县百姓的齐心协力，水利建设终于顺利完成了。为了纪念王安石的治水功绩，人们就将他主持修建的一条长达十五公里的海塘称作“王公塘”。

兴修水利的同时，王安石还施行了青苗法。王安石自幼随父宦游各地，深知百姓在灾荒之年不得不向地主借粮、借款，忍受地主的压榨和剥削，苦不堪言。于是，王安石到鄞县后，在全县推行青苗法。所谓青苗法，就是在青黄不接的时节，由官府开仓把粮食借给百姓，等到秋收后再由百姓还给官府，仅需支付少量的利息。施行青苗法，可以有效地缓解百姓的困境，从而缓解社会矛盾，维护社会治安，同时国家的粮库也能得到及时充实。鄞县推行青苗法的成功，使王安石产生了极大的信心，为他日后变法改革积累了丰富的实践经验。

勤奋好学的王安石十分重视教育，他深刻地认识到教育对社会的重要性。要振兴国家，改变积贫积弱的局面必须依靠人才，而人才之兴全靠教育。于是，王安石在鄞县全面兴学。他打破传统，把鄞县供人祭拜的孔庙改为县学，四处寻找名师。当时，王安石听说慈溪有一人名叫杜醇，此人学问渊博，极负盛名。王安石亲自拜见，想请杜醇出山，他认为“吾所见其邑之士……杜君者，越之隐君子，其学行宜为人师者也”。为了请杜醇到县学任教，王安石亲自写信，信中云：“君不得师，则不知所以为君；臣不得师，则不知所以为臣。……夫谤与誉，非君子所恤也。适于义而已矣，不适于义而唯谤是恤，是薄世终无君子也，唯先生图之。”王安石的良苦用心最终打动了杜醇答应入县学任教。王安石重视兴学，延请名师，使得鄞县县学繁荣起来，学生人数多达200人。县学为鄞县培养了大批的人才，为当地的教育发展做出了重大的贡献。

王安石在鄞县兢兢业业，励精图治，短短三年就使鄞县百姓的生产、生活得到了极大的改观，在一定程度上化解了社会矛盾，大大提高了百姓的生产积极性。此时而立之年的王安石，也可告慰九泉之下的父亲了。多年以后，鄞县的百姓为了纪念王安石在此地做出的卓越贡献修建了荆公祠。祠内香火不断，一直延续到清代。

皇祐二年（1050），王安石在鄞县任期已满。第二年，朝廷任命王安石为舒州通判，加殿中丞。舒州，今安徽潜山一带，地理位置相对闭塞。王安石在舒州任通判，正六品，仅比县令高一级，而殿中丞是从五品，并无实权。当时的舒州知州是王琪（一说蔡襄），王安石时常感慨百姓的疾苦，但又不能为之出力，为此，作《感事》一诗。

感　事

贱子昔在野，心哀此黔首。

丰年不饱食，水旱尚何有？
虽无剽盗起，万一且不久。
特愁吏之为，十室灾八九。
原田败粟麦，欲诉嗟无赇。
间关幸见省，笞扑随其后。
况是交冬春，老弱就僵仆。
州家闭仓庾，县吏鞭租负。
乡邻铢两征，坐逮空南亩。

这首诗表达了王安石对舒州百姓生活的担忧。因他是知州的副职，不掌实权，不能为百姓排忧解难，所以他的内心充满无奈与忧愁。

面对百姓穷困窘迫的生活，王安石向知州王琪提出能否放青苗钱救民，却被王琪回绝了。王安石并没有放弃，他又想出另一个方法，就是向民间的富户或有能力的大户借钱救助贫困户。因为富户或大户手里集中了丰厚的良田，完全有能力救助贫困的百姓。为了能从他们手中借到钱，王安石四处奔走，但由于穷困百姓太多，没人愿意出这么多钱，最终也未筹到钱。王安石感慨万千，作《发廪》一诗，其云：

先王有经制，颁赉上所行。
后世不复古，贫穷主兼并。
非民独如此，为国赖以成。
筑台尊寡妇，入粟至公卿。
我尝不忍此，愿见井地平。
大意苦未就，小官苟营营。

三年佐荒州，市有弃饿婴。

驾言发富藏，云以救鳏茕。

崎岖山谷间，百室无一盈。

乡豪已云然，罢弱安可生。

兹地昔丰实，土沃人良耕。

他州或呰窳，贫富不难评。

豳诗出周公，根本讵宜轻？

愿书七月篇，一寤上聪明。

此诗记述了王安石四处筹钱以救济鳏寡孤独之家，但却没有一人肯出钱救助的情景。

王安石为人刚正耿直，从不受贿。传说有这么一则故事：一日，王安石在书房读书，突然丰南县的知县陈圣前来求见。王安石在各县走访时见过此人。陈圣做了十几年的知县，曾因夸大水灾冒领赈灾款而受到处分，一直未得到升迁。按照宋代的考课制度，官员任满一届考核通过后，可获得迁转。陈圣花重金贿赂官员想获得升迁。此日，陈圣前来拜访王安石，正是此意。

陈圣见到王安石，小心翼翼地从怀里掏出一个小包，说："王大人，您初到此地，生活颇少照料。这是下官的一点心意，请大人笑纳。"王安石正色道："陈大人，我们为官之人，上不能辜负朝廷，下不能辜负百姓，你这样做怎么对得起朝廷和百姓呢？"陈圣满脸赔笑："王大人，这仅是在下的一点心意而已！请王大人笑纳。"王安石最看不惯的就是这些贪污腐败的官吏，他对陈圣冷眼相对，并严厉斥责。后来，王安石在陈圣的考评栏中写下“行为欠缺”四字。陈圣再次升官的美梦破灭了。此后，再也没有人敢找王安石走后门了。

至和元年（1054），王安石舒州任期已满。即将离开舒州赴京述职的王安石怀着无限的愧疚和无奈，作《过皖口》一诗。诗云：

皖城西去百重山，陈迹今埋杳霭间。

白发行藏空自感，春风江水照衰颜。

可见，王安石对舒州的任职并不满意，由于他是副职，不掌实权，任职期间没有为舒州百姓做出什么贡献，他内心感到十分沮丧和惆怅，诗中“白发行藏空自感”就是这一情绪的自然流露。

第三节　官海沉浮　上万言书

舒州任职期满，王安石赴京城述职。刚到京城，王安石就接到了朝廷的任命，命他为集贤校理。对于梦想飞黄腾达之人，这是梦寐以求的“清要”之位。一般情况下，此职通常需要大臣的举荐并经过经过严格的考试才能任用。官员们往往需要在京等候一段时间才能任用，有的人甚至等了一年也等不到此职。然而，王安石一到京城便获任此职。按照规定任此职一年后还可升迁，而朝廷许诺王安石不需要任满一年即可调任。也就是说，王安石在集贤院工作一段时间后，朝廷将会委以重任。然而，出乎意料的是王安石拒绝出任集贤校理一职。他上书《辞集贤校理状》，称“先臣未葬，二妹当嫁。家贫口众，难住京师”，请求朝廷收回委任，将他派往地方任职。

然而，一个月后王安石再次收到任命，与上次委任相同，仍任命他为集贤校理，王安石再次拒绝。十几天后，朝廷再次下达任命，要求他不得推辞即刻上任。王安石则再次上书《辞集贤校理状》，陈述自己为生活所迫，若朝廷非要出此任命，“不独伤臣私义，固以上累国体”。王安石此举，令众文人大受刺激，“士大夫恨不识其面，朝廷尝欲授以美官，惟患其不肯就也”，也令当朝宰相陈执中大为恼火。陈执中认为王安石不识抬举，别人求不来的职务，他却百般拒绝，不知好歹。于是，下令暂时不给王安石委任任何职务。就这样，王安石在京城被晾了几个月，没有得到任何任命。

王安石在京城候职期间，迎来了海门县令沈起的拜见。沈起是鄞县人，王安石曾在鄞县任职，为当地做出了积极的贡献，所以，沈起借进京的机会特意前来拜见王安石。沈起告诉王安石，他学习鄞县兴修水利的做法，在海门县修河筑堤，想请王安石前去指导。王安石听说沈起兴修水利造福百姓，甚是欣喜。而此时，朝廷也没有委任的消息，王安石便随沈起去了海门。王安石来到海门，参观沈起修建的几处水利工程，又看了临海大堤，对沈起十分赞赏，他当即写了一篇《通州海门兴利记》赞扬沈起，希望地方官员都能向沈起学习。

从海门回来后，王安石仍在京候职，这时欧阳修帮了王安石一把。欧阳修早年读过王安石的文章，知晓王安石的为人和才学，便向陈执中求情说：“既然王安石不想去做集贤校理，不如再提拔一下，让他去做群牧判官吧。”陈执中也认为总把王安石晾在京城不好。于是，便下令委任王安石为群牧判官。欧阳修担心王安石还会拒绝，便写信劝告，同时又派王安石的好友韩绛前去劝说。韩绛见到王安石，先拿出欧阳修写的信给他看，然后劝王安石不要再拒绝朝廷的任命，否则会影响他今后的前程。王安石思考了许久，最终答应了。

群牧司是真宗朝设立的，专管全国的马政，直属枢密院，一般由枢密院副使任一把手。王安石任群牧判官，在群牧司下设的判官厅工作，职务比集贤校理高一级，待遇比较优厚。

在王安石上任之际，出现了一个小小的插曲。当时有一位馆阁校勘，名叫沈康，在朝廷任职多年，听说王安石被破格提拔为群牧判官，心里很不高兴，就去找宰相陈执中，希望能够任命自己为群牧判官。陈执中知道沈康的来意后对他说："王安石辞让集贤校理。他淡泊名利，朝廷特别给予恩惠，委任群牧判官一职，岂是论资排辈所任命的？朝廷设馆阁，为的是优待天下贤才，以德为先，你却直接来抢，与王安石相比，情何以堪？"听了宰相的一席话，沈康面红耳赤，惭愧不已。

王安石在群牧司任职期间，结识了司马光。司马光是山西人，比王安石大两岁，早四年中进士。两位才华横溢的人相遇，有种相见恨晚的感觉。他们志趣相投，无话不谈，一起谈诗论道，讨论国家大事。虽然有良友的陪伴，但王安石还是觉得群牧判官这个职务太清闲了。他感到不能施展自己的远大抱负，也不能替朝廷分忧解难。

嘉祐元年（1056），王安石任提点开封府界诸县公事。这个职务也没什么实权，王安石不愿干些琐碎的小事。于是，他写了一封《上执政书》，请求朝廷调任其到地方任职，并且阐述了要求外任的理由，即希望自己能够到地方做点实事，造福百姓。这期间王安石作了许多首诗，抒发了自己内心的苦闷。其中《强起》一诗云：

寒堂耿不寐，辘辘闻车声。

不知谁家儿，先我霜上行。
叹息夜未央，遽呼置前楹。
推枕欲强起，问知星正明。
昧旦圣所勉，齐诗有鸡鸣。
嗟予以窃食，更觉负平生。

这首诗叙述了王安石彻夜难眠，一心想为百姓谋事，而又感慨自己无能为力的心情。他在这个清闲的位上任职，即使满腹经纶，才华横溢，又有何用呢?

王安石时常回忆在地方任职的往事，想起那个整日忙于为百姓兴修水利、劝课农桑的自己，虽然很累，但心里十分充实。他思念南方的一山一水、一草一木，他对那里充满了感情，多么期望能够回去。因此，王安石在任群牧判官的两年时间里，向朝廷写了十几封信请求外任。他不满在京城闲适的生活，觉得应为百姓做实事。至和二年（1055），王安石在《答钱公辅学士书》中指出，读书之人重要的在于行道，将自己毕生所学贡献给百姓和朝廷，这才是读书的根本。如果不能行其道，即便身为天子，拥有天下，亦当无所用。王安石想尽了各种办法，以家庭为借口，要求朝廷予以外任；又说自己身体不好，请求外任。其实这也是实情，因王安石经常熬夜，用脑过度，导致失眠头痛。他在《上执政书》中向朝廷提出，“东南宽闲之区，幽僻之滨，与之一官，使得因吏事之力，少施其所学，以庚禄赐之入，则进无所逃其罪，退无所托其身，不唯亲之欲有之而已”。这封信流露出王安石的真实心声，他热切地盼望能够回到地方为百姓做些实事。在十几次的请求之后，最终朝廷批准了王安石的请求。

嘉祐二年（1057），王安石被任命为常州知州。朝廷命他五月离京，七月赴任。消息传来，王安石按捺不住内心的喜悦，随即赋诗《冲卿席上得行字》：

二年相值喜同声，并辔尘沙眼亦明。
新诏各从天上得，残樽同向月边倾。
已嗟后会欢难必，更想前官责尚轻。
黾勉敢忘君所勖，古人忧乐有违行。

王安石于五月处理完公务，和京城的朋友简单叙别后，便赶赴常州上任。好友梅尧臣十分敬佩王安石，曾作诗《送王介甫知毗陵》，赞扬王安石不随波逐流，两袖清风，实乃当世之师表。然而，王安石在赶往常州的路上，生了一场病，一个儿子也夭折了，一路伤心，走走停停，七月才到常州。

来到常州，王安石还是和在鄞县一样兴修水利，发展地方经济。当时的常州是江南富饶之地、鱼米之乡，百姓的生活基本得到保障，所以王安石没有推行青苗法。经过走访，王安石发现常州地处江南水乡，水多地低。常州的发展需要整顿水利，开挖运河，这样不仅可以疏通排水，解决涝灾问题，还可以将大量的洼地腾出来变为良田。经过分析部署后，王安石开始筹备开挖运河的工作。想法是好的，但实施起来却令人头疼。

在常州开挖运河，需要穿越好几个县才能完成。另外，工程浩大，如果按照以前在鄞县那样依靠老百姓义务修建，恐怕行不通。最好的办法是各县统一征调百姓开挖运河。鉴于以上两点，开挖运河一事需要与各县官员协商。然而，出乎王安石意料的是，其他各县官员都不同意这个计划。

他们认为，开挖运河是常州历史上从来没有过的，开挖河道使河流改变流向，利弊很难预料。再说，各县统一征调百姓牵扯的事情太多，多一事不如少一事。王安石没有以官压人，而是到各县去做工作，劝说地方官员同意出工。最后，只有宜兴县知县司马旦（司马光的哥哥）不同意，其他各县都同意动工。此人和司马光一样，脾气执拗，不容易被说服。然而，王安石也是倔脾气，他没有受司马旦的影响，而是对其不予理睬，立即开工。

谁知一开工就遇到了许多困难。首先是各县动员百姓不力，派来的百姓多是老弱病残。恰巧这个时候又赶上连阴雨，生病的人很多，工程不得不暂时停下。王安石忧心忡忡，期盼这场雨早日结束。等到天气放晴，又到了农忙的季节，百姓忙于生产，更无心开挖运河。但王安石没有放弃，他准备待庄稼收完后再行开工。然而，天不遂人愿，朝廷又委任王安石调任提点江南东路刑狱。因此，王安石在常州开挖运河的工程只能半途而废了。

这时，王安石收到京城朋友刘敞的来信。信中，刘敞劝王安石到地方任职后，不要和自己的上级闹不愉快，让他清静无为地做官。王安石给刘敞回了信，即《与刘原父书》。信里，王安石诉说了心中的不快，对开挖运河“愧恨无穷”，并且认为“若夫事求遂，功求成，而不量天时人力之可否，此安石所不能，则论安石者之纷纷，岂敢怨哉”。王安石认为开挖运河之事是没有考虑到天时地利，因有此一失，受到大家的批评，他并无怨言。王安石对刘敞的告诫——“初不能无为”不以为然。他觉得“今方万事所以难合而易坏”，是由于有些人常常以“无为”自居，导致了天下事败坏到如此程度。

王安石于嘉祐二年（1057）七月到任常州，于嘉祐三年（1058）二月调任提点江南东路刑狱。王安石在常州任职仅七个月，使开凿运河之事化为泡影。他心有不甘，为此曾亲笔上书参知政事曾公亮，请求在常州任满一届再行调任，但没有获得批准。于是，嘉祐三年（1058）四月，王安石闷闷不乐地离开了常州。

王安石所任提点江南东路刑狱一职，是向宰相陈执中要官的沈康的职务。沈康此人欺上瞒下，声名狼藉，且在提点江南东路刑狱任上表现愚钝。因王安石在鄞县任职时，大公无私，明察秋毫，颇有名气，所以谏官陈旭上书，请求朝廷将二人的职务对调。

提点刑狱主要是管辖一路的治安、刑狱。凡涉及坑蒙拐骗、偷盗抢掠之事都归提点刑狱监管。提点刑狱还负责监察百官，各地官员如有不法，会立即禀报朝廷，给予惩治；若有勤政为民的好官，也会上报朝廷，推荐给予嘉奖。提点刑狱一职，往往没有固定的办公处所，而是要在各地四处巡查。王安石出任提点刑狱，是朝廷慎重考虑做出的决断。王安石善于断案，裁决合理，使得上下皆服。

然而，王安石任提点江南东路刑狱的日子并不好过，由于他不是主官，又不愿和当地的官僚同流合污，很多人对他产生了误解，认为他做事刚愎自用，自以为是。好友曾巩特意写信劝他切不可过于独断，否则不利于仕途的发展。王安石给曾巩回信道："江东得毁于流俗之士，吾心不为之变。吾之所存，固无以媚斯而不能合流俗也。"可见，他的性格十分倔强。虽然王安石在提点刑狱职位上干得尽心尽责，但他自己并不愿意任此职。王安石一直想要申请调任他地。好友王令全力支持他，鼓励王安石向朝廷申请地方长官的职务，不要在意职务的高低。这与王安石的想法是一致的。王安石在给王令的回信中称“我读书治学，一是为生计，二是为天下。现在我的生活趋于稳定，想要为天下百姓做点事情。至于是否有机会，则‘系吾得志与否耳’。如果有机会而不做，则‘吾耻之也’；如果没有机会，则‘吾不恤也，尽吾性而已’”。王安石给王令的回信在一定程度上反映了王安石的为官之道：王安石不太看重官位的高低，他只愿为百姓做点实事。

王安石在提点刑狱位上做了半年时间后，朝廷又一次下令调其入京，委任三司度支判官一职。王安石收到任命后，喜忧参半。喜的是他可以离开提点刑狱一职，忧的是他又要回到京城，做终日无所事事的京官。为此，他上书富弼要求“裁赐一小州幽闲之区，寂寞之滨。其于治民，非敢谓能也，庶几地闲事少，夙夜悉心力，易以塞责，而免于官谤也”。朝廷命王安石于嘉祐三年（1058）十月入京城任职。在离开提点刑狱之职时，王安石写下《旅思》一首，诗云：

此身南北老，愁见问征途。
地大蟠三楚，天低入五湖。
看云心共远，步月影同孤。
慷慨秋风起，悲歌不为鲈。

该诗反映了王安石内心的孤独和坚毅。

三司是国家财政的总务机关，度支判官是掌管国家收支情况的官员，职责是“掌天下财赋之数，每岁均其有无，制其出入，以计邦国之用”。

尽管王安石一直想外任做官，但他知晓身处京城，能关乎天下的事态，特别是在三司任职，能够综观国家的财政经济发展状况，探寻国家困弊之所在。所以，王安石虽想外调任职，但却没有推辞此次委任。

王安石上任以后，每天忙着核算国家的收支情况。核算到最后，他大吃一惊，发现朝廷的财政支出远远大于财政收入，且亏空严重。这种情况，严重影响了社会经济的发展，加剧了北宋的社会危机。经过一系列分析和深思熟虑，他察觉到看似太平的大宋背后却隐藏着重重危机。王安石忧国忧民，他发现国家存在严重的问题，便不会袖手旁观。

王安石自进士及第到任度支判官，为官十几载，积累了丰富的经验和社会阅历，为施展政治抱负和变法改革奠定了坚实的基础。他深知若要推行变法，必须打动仁宗。王安石经过严密论证和缜密思考，撰写了长达万言的《上仁宗皇帝言事书》。他分析了北宋的内外形势、问题之所在、改革的方向和任务目标，并做出深入透彻的论证。这篇奏疏思想之深刻，论证之缜密，思路之清晰，言辞之精到，在我国古代奏疏中首屈一指，充分展现了王安石精深的政治思想和敏锐的政治眼光，是其日后推行变法的思想基础。

在这篇洋洋洒洒的万言奏疏中，王安石直言不讳地指出朝廷面临着财政经济困顿、社会风气败坏、法度不合三代之政等一系列危机。他提醒仁宗皇帝当前朝政存在的严重问题是官僚腐败，从中央到地方奸吏充斥，政风败坏，使国家律令不能有效地实施。他分析了庆历年间范仲淹改革失败的原因是缺乏国家需要的人才，认为当务之急是培养人才，并建立一套完备的教育体制、养廉机制、律法制度、考课赏罚制度及合理的财政机制。

“万言书”对当时北宋内外形势、朝廷弊政、财政危机、社会问题等进行了深刻剖析，指出改革已迫在眉睫。在王安石看来，曾支持范仲淹改革的仁宗肯定会支持变法。然而，他这次判断失误了。已至暮年的仁宗已经心有余而力不足，无力变革现状。仁宗在嘉祐六年（1061）任命曾公亮为宰相，任命张昪、包拯为正、副枢密使，任命司马光为知谏院，任命王安石为知制诰，他以起用新人来改善朝廷的治理，维持危机四伏的统治，但在王安石看来这些措施所起的作用都是微乎其微的。他认为要解决这些危机，必须采取行之有效的改革，他急切地想得到仁宗皇帝的支持，以施展政治抱负，实施改革。所以，王安石又向仁宗上了一道《上时政疏》。奏疏中指出新任命的并非“贤才”，当务之急是施行改革，绝不能因循苟安，对时局抱有侥幸。他还提醒仁宗，大宋王朝看似太平盛世，实则危机四伏，如果不彻底改革，恐怕会断送祖宗创下的伟大基业。

然而，当时的仁宗皇帝已经年迈，且生性怯懦，受制于习惯势力，又被重私利的旧臣所包围，无力提拔王安石以扭转时局开创新的政治局面，不到两年时间就驾崩了。

第四节　心怀天下　终遇明主

面对现实的困境，王安石选择了蛰伏，选择了韬光养晦。他不在意当多大的官，而是看重能不能实现自己的远大抱负。如果在朝廷做大官，但不能推行自己的变法主张，还不如回地方做一个亲民的父母官，在自己的能力范围内做些改革，以待时机的来临。

嘉祐八年（1063），王安石的母亲去世了。此后的五年，王安石度过了他一生中最闲适、最平静的生活。这段时间，他没有被政事烦扰，也没有被各种案件困扰，而是与书籍、朋友和学生为伴。他在恬静的田园里读书作诗，招收学生，开课讲学，和志趣相投的朋友畅谈人生，这种轻松自在的生活是他以前从未有过的。

江宁是一座景色优美、充满魅力的城市。这里有郁郁葱葱的钟山，水天一色的玄武湖，满山红叶的栖霞山。这里的每一座山川、每一条河流都值得欣赏。王安石每次和朋友、学生登山游玩都会文思泉涌，写下优美篇章，如《南乡子·自古帝王州》：

自古帝王州，郁郁葱葱佳气浮。四百年来成一梦，堪愁。晋代衣冠成古丘。　　绕水恣行游，上尽层城更上楼。往事悠悠君莫问，回头。槛外长江空自流。

一个有志向、有远见的政治家，身居六朝古都，难免为历朝的更迭、人亡政息的时局变更所触动，再加上他不能忘却宋朝背后暗藏的危机，继而发思古之幽情，写下了著名的《桂枝香·金陵怀古》：

登临送目，正故国晚秋，天气初肃。千里澄江似练，翠峰如簇。征帆去棹残阳里，背西风、酒旗斜矗。彩舟云淡，星河鹭起，画图难足。　　念往昔、繁华竞逐。叹门外楼头，悲恨相续。千古凭高，对此漫嗟荣辱。六朝旧事随流水，但寒烟衰草凝绿。至今商女，时时犹唱，《后庭》遗曲。

王安石写这首词时四十七岁，正处于人生的黄金时代。可是，他不知何时才能施展才华，何时才能将满腔的爱国之情化作治国安邦的现实。这么多年，他一直在苦苦地等待着时机，这种等待是一种无以言表的折磨。他的苦闷与焦虑在诗文中体现得淋漓尽致。在《明妃曲》中，王安石用王昭君的遭遇来自比，写道："君不见，咫尺长门闭阿娇，人生失意无南北。"在《寄曾子固》中也抒发了壮怀难酬的惆怅：

斗粟犹惭报礼轻，敢嗟吾道独难行。
脱身负米将求志，戮力乘田岂为名？
高论几为衰俗废，壮怀难值故人倾。
荒城回首山川隔，更觉秋风白发生。

治平四年（1067）英宗驾崩，宋神宗继位。这个消息传到了江南，王安石孤独而失意的心变得激动起来。毕竟，他心系天下，胸怀大志，不甘心苟活于世，不屈服于现实。此时，朝廷的消息不断地传到江宁。首先是神宗决定将先皇英宗的丧事从简，这让天下人感到震惊，人们佩服神宗皇帝的干练。接着，神宗皇帝下诏：天下所有臣民可直言朝廷的弊政和解决之道。再有，整顿吏治。中央和地方官员贪污腐败严重，神宗对此深恶痛绝。神宗的种种举动，让胸怀远大抱负的王安石看到了希望。他感到神宗是一个有作为、敢于担当的皇帝。同时，王安石的朋友韩维从京城捎来消息，说神宗很欣赏他，可能会召见并委以重任。虽然消息不是很确切，但王安石的心再也不能平静了。他知道这么多年的苦没有白受，这么多年的地方官没有白做，机会马上就要来临了。

宋神宗初登皇位，志气非凡，富有朝气。他自幼对皇太祖屈服于辽、西夏而耿耿于怀，也质疑太祖时的官员任用制度。宋朝重用文人，排斥武将，大开科举，广收文官；一些高官子弟依据门荫制度不经科考就可做官。因此，北宋中期官员数量冗余。另外，军队的不断扩充使大量的百姓参军从而导致土地荒芜，无人耕种。“冗官”“冗兵”给朝廷的财政造成巨大的负担。官员们不务时政，文恬武嬉，致使军队战斗力低下，很难抵御外族的入侵，在与辽、西夏的战争中屡战屡败。神宗亲政后，急于物色治理国家的贤臣志士，他对大臣们说：“当今理财最为急务，养兵备边，府库不可不丰。”为了鼓励大臣重视战备，神宗亲自将太祖时所创的景福库用自己所作的诗来命名，即一个字代表一个战备库。该诗摘录如下：

五季失固，猃狁孔炽。艺祖肇邦，思有惩艾。爰设内府，期以募士。曾孙保之，敢忘厥志。

宋神宗希望富国强兵，振兴大宋王朝。但遗憾的是，朝中大臣们安于现状，死气沉沉，不图进取。曾支持范仲淹庆历新政的大臣韩琦、富弼、文彦博等人，早已磨光了锐气，变得畏难保守，他们不赞同皇帝实行富国强兵、养兵戍边、主动出敌的政策。

比如，神宗向德高望重的富弼询问有关戍边的事宜，富弼是当年支持范仲淹实行庆历新政的宰相，此时却劝告神宗皇帝说："皇上，如果能二十七年口不言兵，亦不重赏边功，则国家幸甚，天下幸甚。"甚至，有不少人给宋神宗渴望有所作为的想法泼冷水。一日，神宗身穿戎装去见皇太后，太后看到皇帝英姿飒爽，欣喜之余却不忘告诫皇帝："你如果能永远不贪军功，就是天下臣民的福分。"神宗曾向身边大臣询问富国强兵之策，一位大臣言"修德"，一位大臣言"修身"，还有的大臣则告诉神宗要爱惜民力，施政布德，选贤任能，疏远佞臣，持重养静，恪守祖训……这些空洞的说教，使神宗无比郁闷。神宗身边的大臣不理解神宗的想法，对富国强兵根本提不出实用有效的对策和建议。如何才能改变宋朝积贫积弱的局面呢？如何才能使泱泱大国重振雄风呢？如何才能巩固边防，赶走辽和西夏等外族的入侵呢？神宗从他们身上得不到治国的良策，于是便把目光投向京城之外，去寻找治国安邦的良臣，最终王安石进入了神宗的视野。

王安石曾在仁宗、英宗两朝任职，为官清廉、造福百姓的声誉名传千里。很多人赞扬王安石质朴节俭，不嗜酒色，视富贵如浮云；钦佩他精通经术，学以致用，自成一家之学。《元城语录》云："当时天下舆论，以金陵（王安石）不作执政为屈。”

熙宁元年（1068）四月，江南正是初夏时节，朝廷的诏书终于到了。此时，整个江宁城轰动了，人们猜测王安石进京必将飞黄腾达。

宋神宗想拯救大宋，使天下太平，使百姓过上富足的生活。于是，他起用王安石，改革弊政，推行变法。王安石满怀着希望离开金陵，前往京城，他在《出金陵》中写道：

白石冈头草木深，春风相与散衣襟。
浮云映郭留佳气，飞鸟随人作好音。

这首诗字里行间流露出王安石的欢愉之情。他对未来充满了希望，他抱着改革必胜的信心步入京城。王安石坚信此行必会有所作为，在《酬吴季野见寄》中写道：

漫披陈蠹学经纶，捧檄生平只为亲。
闻道不先从事早，课功无状取官频。
岂堪置足青冥上，终欲回身寂寞滨。
俯仰谬恩方自歉，惭君将比洛阳人。

话说神宗当太子时，就对王安石的贤能之才有所耳闻。当时，王安石的好友韩维任王府记室参军，常给太子讲经论道，得到太子的赏识。每当太子夸赞他时，韩维总说：“这其实是好友王安石的观点。”因此，太子对王安石很有好感。后来，韩维升为太子庶子，便推荐王安石任王府记室参军。

神宗即位后对王安石的“万言书”大加赞赏。宋神宗虽从未见过王安石，但王安石在神宗的心目中却十分高大。改革时弊，推行变法，富国强兵，是神宗继承大统后的强烈愿望。起用王安石之前，神宗为了考察王安石，看他是否能担当起改革的重任，先任命他为江宁知府，后又召为翰林学士兼侍讲，最后才决定起用王安石。

神宗听说王安石到京城了，异常兴奋，马上召见王安石。一个是雄心勃勃的少年君主，一个是满腹才学的贤能之臣，二人为了共同的目标走在一起，他们深切交谈，不时迸发出思想的火花。这就是著名的君臣会。王安石这时已经四十八岁，面对神宗的询问，他胸有成竹，侃侃而谈。神宗问："治理国家首先要抓什么？"王安石答道："方法。"神宗又问："唐太宗如何？"王安石回答："皇上应效法尧、舜，何必说唐太宗？尧、舜帝的方法非常简便、容易而且很关键，只是后人不能理解，以为深不可测。"神宗对王安石的回答十分满意，言称全力以赴支持变法。再次召见时，神宗单独留下王安石，仔细询问了改革的措施。王安石针对政治、经济、军事上实施的改革，进行了详细分析。神宗听后，为之折服，他深感王安石是振兴大宋的人才。王安石也被神宗励精图治、富国强兵的宏伟之志所感动。最后，宋神宗激动地说："卿可谓责难于君。朕自视眇躬，恐无以副卿此意。可悉意辅政，庶同济此道。"

没过多久，河北闹灾，国家财政因救灾费用剧增而出现紧张。十一月，朝廷举行了祭天活动。神宗让大臣们讨论救灾的方法，王安石与司马光争执起来。司马光主张缓变；王安石则主张剧变，要从根本上实施改革，解决实际问题。王安石锐意改革的主张，与神宗皇帝励精图治、重振大宋的想法一致。于是，宋神宗任命王安石为参知政事，设置"制置三司条例司"，力推变法。制置三司条例司主要是管理户部司、盐铁司、度支司三司。为何设立此机构呢？这应从北宋开国皇帝赵匡胤说起。赵匡胤是发动陈桥兵变篡位的，因此宋朝对武将防守戒备很严，此外对宰相的权力也严加限制。北宋的宰相不能掌管兵权，也不能管理财权。财权由三司管理，三司直属皇帝。神宗起用王安石，设立了制置三司条例司，由王安石管理。后来，又把制置三司条例司并入中书省，任命王安石为同中书门下平章事。自此，熙宁变法正式拉开了序幕。

熙宁二年（1069），新法开始实施，但马上遭到顽固派的阻挠和攻击。司马光称王安石的变法是“与民争利”，不仅从新法的内容、效益等方面质疑，而且从思想上、道德上指责王安石“变祖宗法度”“以富国强兵之术，启迪上心，欲求近功，忘其旧学”等。在朝议上，宋神宗曾一度犹豫，但最终还是支持变法。宋神宗赞同王安石“天变不足畏，祖宗不足法，人言不足恤”的主张，反对守旧势力的空言道德和无所作为。随后，宋神宗先后罢免了一批反对变法的官员，如御史刘述、刘琦、孙昌龄、王子韶、程颢、张戬、陈襄、谢景温、杨绘、刘挚，谏官范纯仁、李常、孙觉、胡宗愈，另有富弼以格青苗解使相，翰林学士范镇三疏言青苗，被夺职致仕，欧阳修乞致仕等。熙宁三年（1070），神宗提升王安石任同中书门下平章事。王安石出任宰相后，在农业、水利、保甲、市易、方田、均输、青苗、免役、保马等方面实行新法，颁行天下。这些新法涉及领域广泛，几乎涵盖社会的各个方面，新法的施行将变法推向了高潮。

第四章

艰难变法

半山亭

第一节　改革遇阻遭抨击

在新法有序进行时，变法派与守旧派展开了激烈的论争。从表面上来看，变法派有神宗的支持。但守旧派实力也非常强大，皇族和元老大多属于这一阵营，其中包括神宗的母亲高太后。尽管双方势均力敌，但守旧观念的基础是儒家正统思想，这是很难动摇的。

神宗似乎没有做好准备，不能完全融入变法派的阵营中，在改革中总是摇摆不定，使得守旧派有机可乘。他们通过各种渠道在神宗面前诋毁变法，试图阻止改革的进行。神宗左右为难，一方面他希望改革能够顺利进行，另一方面又不希望制造太多的冲突和矛盾。王安石改革之前就意识到变法可能遇到巨大阻力，已经做好向阻力开战的准备。在这场战斗中，他抱着必胜的信心，认为大宋到了非改革不可的紧要关头。如果改革顺利，社会生产力就会得到迅速发展，不仅能扭转宋朝积贫积弱的局面，实现富国强兵的目的，还能使社会、经济、文化、政治等方面取得飞跃式的发展。如果改革失败了，国家面临的危机将日益深重，国势将更加衰弱，大宋王朝将要灭亡。

双方展开激烈的交锋。吕诲在《论王安石疏》中对王安石变法进行了猛烈抨击。他将政事比作水，认为平静的水才能清澈，被搅动的水必然浑浊，王安石随意改革祖宗之法，应立即贬谪。富弼指出，王安石在变法中任用小人，违抗天命，致使国家发生地震、瘟疫等灾难，因此必须废除新法。

据《续资治通鉴长编》记载，神宗年间，某地大旱，滴雨未下，神宗为此忧心忡忡，叹息不止，亲自下诏降罪责己，避殿易服，连膳食也减少了一半。此后，又多次祭祀郊庙社稷并到寺院祈祷，甚至还听信保守派的谗言，认为灾难与变法有关。王安石据理辨析，认为水旱属于自然灾害，在所难免。即便是尧、舜、禹这样的圣贤君主也免不了遇到水旱之灾。这难道与道德不足、为政不明有关吗？何况神宗在位期间连年丰收，遇到一点旱灾也是正常现象。若仅凭出现旱灾就认为是上天的惩罚，也太过牵强了吧？保守派坚持认为祖宗之法不可变，更改祖宗之法是莫大的罪名。司马光宣扬社会越改革越倒退、越改革越亡国的论调，主张应世世代代地遵守祖制，强烈反对变法。熙宁三年（1070），司马光为即将举行的科举考试出了这样一道试题：

今之论者或曰："天地与人，了不相关，薄食、震摇，皆有常数，不足畏忌。祖宗之法，未必尽善，可革则革，不足循守。庸人之情，喜因循而惮改为，可与乐成，难与虑始。纷纭之议，不足听采。"意者古今异宜，《诗》《书》陈迹不可尽信耶？将圣人之言深微高远，非常人所能知，先儒之解或未得其旨耶？愿闻所以辨之。

该考题是针对“天变不足畏，祖宗不足法，人言不足恤”的言论而出的。司马光表面上是让考生辨析此问题，实际上已暗示出答案。谁敢说《诗》《书》是不可信的陈迹呢？谁敢否认圣贤之言呢？司马光出此题，意在借此策问来鼓动考生反对王安石变法。神宗一眼识破了司马光的用意，审阅之时用朱笔画掉，并批示“别出策目”，但他也意识到了问题的严重性。

第二日，神宗召见王安石。神宗问：“你听说过‘三不足’这个说法吗？”王安石回答：“臣没有听过。”神宗又问道：“现在外面传闻朝廷是‘天变不足畏，祖宗不足法，人言不足恤’，昨日翰林院拟进士题，用此三事，爱卿听说过此言吗？”王安石思考了片刻，回答道：“臣从未说过此话。臣辅佐皇上治理天下，实施变法以来，皇上兢兢业业，励精图治，体恤百姓，凡事以民为本，这就是‘惧天变也’。皇上善于听取不同的意见，但对迂腐之见必须加以驳斥。祖宗之法不足守，也理应如此。仁宗皇帝称守成，他在位四十年，屡次修改法度，何况皇上这样有作为的圣君呢？”神宗说道：“敬天法祖是治天下之道，爱卿说的似乎与之不合。爱卿学识渊博，眼界开阔，请爱卿为朕详加阐释。”王安石答道：“古人认为地震、瘟疫、水旱之类的灾害都是上天发怒的迹象，会把这些灾难与君主联系起来。臣却不以为然。依臣看来，天地万物自有规律，万物生生息息，周而复始。日食、月食、地震等都是自然现象，与君主的行为并无关联。天地之道，玄虚难测，这番话皇上不见得认同，但对于流俗，皇上不必畏惧。流俗之人不学无术，目光短浅，看问题只看细节，不顾全大局。成大事者何必在乎流俗，于国于民有利，即可为之。”

司马光怎么也不会想到，他有意诋毁王安石的做法，竟然成为王安石改革精神的精辟概要。“三不足”的精神在中国思想史上闪烁着不朽的光芒。

由于变法触动到大地主、贵族及士大夫阶层的利益，一时间反对变法的声音占据了主流。他们无法想象像王安石这样的士大夫为何会背叛自己的阶层，置本阶层的利益于不顾。实际上，王安石站得高，看得远，他考虑的是国家整体的和长远的利益。王安石觉得暂时牺牲一些上层少数人的利益，使下层贫困百姓获得一些实利，是完全可取的。王安石不畏艰险、勇于克服困难的坚韧气概，值得我们后人学习。他坚毅的个性、坚定的信念和强大的人格魅力，也深深地影响着他的儿子和后人。

第二节 党派交锋废变法

熙宁元年（1068），神宗把王安石召入京城时，守旧派就预感到神宗会对王安石委以重任。一时间，朝廷上下掀起了一股阻挠王安石参政的阴风。后来，王安石被任命为参知政事，御史中丞吕诲捏造王安石十大罪状，予以攻击。当时王安石刚上任几个月，就连反对派司马光也感到惊讶，认为吕诲有些操之过急。神宗看过吕诲呈的弹劾状后，立即退回，弄得吕诲很难下台，他不得不要求辞官。王安石推荐好友吕公著接替吕诲任御史中丞。韩琦劝神宗停止变法，神宗有些犹豫，刚想同意韩琦的意见，王安石立即请求辞职。之后，司马光又起草诏书诋毁王安石，认为实行新法"士大夫沸腾，百姓骚动"。王安石大怒，立即上书神宗进行辩护。神宗深感王安石的说法有道理，所以没有采纳韩琦等人的意见，而是继续任用王安石管理政事，实施新法。

反对派认为改革针对大地主和贵族是不应该的，他们是国家政权的基础，如果把他们搞垮，一旦发生战乱，军需钱粮等战争物资将没有着落。他们反对实施保甲法，担心一旦发生灾荒，保丁就会拿起武器造反。他们反对青苗法，认为青苗法实际上是在放高利贷，有损朝廷的体面，若是荒年借贷必定要亏本。他们反对免役法，太后曾亲自到神宗面前哭诉，说自己的亲戚需要缴纳很多的免役钱，担心因缴纳税钱过高而引起京城动乱。对于反对派的种种诘难，王安石据理力争，毫不畏惧。

王安石的改革思想是正确的，目标是明确的，法令措施是可行的，推行的计划和步骤也比较恰当，所以改革效果比较明显。但是，北宋社会的复杂性却使变法之路变得举步维艰。北宋社会，大商人控制和操纵着各种买卖交易，他们投机倒把，以垄断市场为目标，压低市场价格收购商品，然后以高价出售给小商人和普通百姓，牟取暴利。其中弊端当朝官员们都心知肚明，却无人上书皇帝。在他们看来，商业之事不是读书人应该关心的。王安石却十分重视此事，他认为商业关系到国家的经济发展，涉及社会财富的分配，而富商大贾们欺行霸市、操纵市场的行为，会使市场变得很不合理，必须严加治理。

恰好，熙宁五年（1072）四月的一天，一个身穿破旧衣服的中年人到王安石的府上进言。这人叫魏继宗，是个普通的百姓，没读过几年书。王安石看他文章写得浅薄，错误百出，但还是硬着头皮读下去，读到最后却发现此人颇有见解。魏继宗在文中写道，京城物价飞速上涨，同样的东西这个月卖一贯钱，下个月就能卖到五贯。这种情况严重影响了百姓的日常生活，这都是富商大贾们操纵市场，导致市场物价紊乱的结果。魏继宗的进言使王安石异常兴奋，因为他指出了种种社会问题的症结所在。经过一系列的准备和部署，王安石根据魏继宗上书的意见，结合实际情况，制定并实施了市易法。

王安石亲自督导市易法的实施。他命令市易务在京城的街道摆几十个水果摊，命官监进行贩卖。在他的支持下，市易法的实施取得了显著的成效：市场的物价得到了稳定，财政收入也得到大幅度提高。然而，我国古代封建社会重农抑商，以农为本，以商为末，这种传统的思想观念在人们心中根深蒂固。老臣文彦博听说王安石实施市易法，便上书神宗："我大宋朝怎能为了这点蝇头小利和商人们斤斤计较呢？这有损国体，会让人看不起的。堂堂的朝廷命官竟然到街市上叫卖，真乃我大宋朝的耻辱啊！"文彦博的观点代表了朝廷多数人的思想。确实，王安石实施的新法在当时有点超前，以致神宗也有些接受不了。神宗看了文彦博的奏折，对王安石说："让市易务去卖水果，确实有些不妥。你也有些太不像话了，不要让他们再卖了。"王安石立刻回答道："历来政府禁止私盐，卖公盐时不是一斤斤地卖吗？也没听说哪个朝廷贩卖食盐有伤国体，为何卖其他的商品就有伤国体呢？"神宗见王安石说的有道理，也就没有继续坚持，但此时的神宗已表现出对变法的动摇。

此后，宋神宗和王安石经常不能达成一致意见。比如在人事问题上，王安石认为，为了能让新法顺利实行，必须将那些年老的没有办事能力的大臣或者反对变法的官员全部罢黜，大力提拔年轻有才华的官员推行变法。但宋神宗却不同意王安石的这种做法，因为反对变法的很多官员都是朝廷元老，德高望重。神宗认为如果把这些人全部罢黜，未免太不得人心了。从这点来看，宋神宗看问题要比王安石更全面。司马光、韩琦等都是变法的反对者，他们资历很深，尤其是韩琦，更是三朝元老，若将他们全部罢免，打击面太大。

由于在变法问题上分歧较大，宋神宗与王安石闹得很不愉快。神宗尽管钦佩王安石的才能，但对他的缺点十分不满。王安石非常固执，脾气很倔，做事不听别人的劝告，经常一意孤行，因此也被称为“拗相公”。王安石这种性格导致有些本来和他关系不错的朋友背离或远离他，这也是王安石变法失败的一个重要因素。

熙宁六年（1073）发生了一件大事，对王安石变法产生了致命打击。一位叫郑侠的看城门小官，他本是王安石提拔的小吏，可他在目睹变法给百姓带来的痛苦后，实在无法忍受，便向神宗进献一幅《流民图》。按理说，朝中的许多大臣上书废除变法都没能改变神宗的主意，何况一个区区小官呢？郑侠进献的《流民图》，展现了大量流民身无完衣，扶老携幼，饥寒交迫，流离失所的惨状，甚至有的奄毙沟壑，尸骨遍野，但即便这样，酷吏仍手拿皮鞭，威逼恐吓。图画后面还有郑侠的附言，说这是自己亲眼所见，俱是实情。郑侠立下了军令状，言称：“延百姓垂死之命，十日不雨，乞斩臣宣德门外，以正欺君之罪。”也就是说，他请求神宗废除新法，是为黎民百姓请命。如废除新法十日内还不下雨，他愿被斩首于宣德门外。神宗看完，不觉潸然落泪。他非常痛苦和迷茫，实在想不明白，王安石实行的变法是以富国强兵、造福百姓为目的，怎么会弄成一个民不聊生、天下混乱、民怨沸腾的局面呢？这些新法的实施到底错在哪里呢？

《流民图》所绘天下黎民众生的惨状震动了整个朝廷，一时间弹劾王安石的奏折如雪片般向宋神宗飞来。曹太后和高太后知道后，也跑过来哭诉王安石的罪过，恳请皇帝罢免王安石，废除新法。在这样的压力下，宋神宗不得不下令制止新法。熙宁七年（1074）四月，王安石罢相，出任江宁知府。同时，暂停青苗法、免役法、保甲法、方田均税法等十八项法令。

暂罢新法给了王安石巨大的打击。王安石一心想振兴大宋，实现富国强兵的宏伟目标，但现在这个目标被彻底动摇了。几乎满朝的文武百官和天下的黎民百姓都反对新法，他实在接受不了这个事实，变法的信心被彻底击垮了。然而，吕惠卿等一些改革派却坚持新法是正确的，他们要求将郑侠交由御史查办，并且面见神宗请求继续推行新法。神宗犹豫不决，吕惠卿和邓绾等人声泪俱下地向神宗哭诉：“陛下数年来废寝忘食、改革图强、重振大宋的宏伟理想，不能因一介武夫之言就此荒废。自推行新法以来，国家经济迅速发展，社会进步，天下百姓一片呼声，岂能说废就废？”

变法图强是神宗年轻时追求的理想，也正是因为这个目标才提拔王安石出任宰相。现在他下令罢相，只因《流民图》中百姓生活的惨状让久居深宫的他为之震撼，但静下心来仔细考虑，神宗又觉得推行几年的新法被全盘否定，实在心有不甘。他不想承认自己推行的新法就这么失败了，加上两位大臣的苦苦相劝，“变法图强”的思想又占据了他的头脑。于是，神宗同意继续推行新法。两位朝臣领旨而归，新法继续实施，而且比以前力度更大了。

此时，在王安石的一再坚持下，神宗接受了他的辞呈，命他推荐人选接替他的工作。王安石推举了两个人：一个是前任宰相韩绛，一个是坚持变法的吕惠卿。当政七年有余的宰相王安石正式罢相。他大张旗鼓推行的变法，在中国历史上掀起了一股巨大的风暴，许多人因此退出了政坛，甚至丢了性命，但最后却被一个名不见经传的小人物推翻了。

第三节 君臣失和产争议

王安石罢相离开京城后，韩绛、吕惠卿迅速得到宋神宗的重用。韩绛任同平章事，吕惠卿任参知政事，此后变法由韩绛、吕惠卿二人负责。此时，神宗将变法的希望寄托在他们二人身上。起初，二人深感王安石提拔之恩，继续推行王安石提出的变法改革方针。因此，京城人送他们雅号，称韩绛为“传法沙门”，称吕惠卿为“护法善人”。但一段时间后，他们二人为了自己的利益，各自为政，走上了不同的道路。

吕惠卿善于钻营，野心勃勃。王安石在位时，为了博得王安石的信任，他极力鼓吹新法，曾成为王安石的得力助手。王安石罢相后，他为了达到自己的目的，取而代之，提拔族弟吕升卿、吕和卿等人，扶植自己在朝廷的势力。而此时的吕惠卿已由新法的拥护者变为新法的利用者。他打着推行新法的旗帜排除异己。比如，曾布上书神宗请求废除市易法，认为此法不利。吕惠卿借此机会，以阻挠新法实施为由将曾布逐出京城，贬到地方任职。吕惠卿等人的种种恶劣行径激起了郑侠的愤慨。他又手绘了一张《正人君子邪曲小人事业图》进献神宗。此图将唐朝宰相分类，将魏徵、姚崇、宋璟等人称为“正人君了”，把李林甫、卢杞等人称为“邪曲小人”，将冯京比作君子，把吕惠卿看作小人，借古讽今，并附上奏折，借此弹劾吕惠卿。吕惠卿决不能容忍郑侠的攻击，他玩弄权术，将郑侠贬到偏远的英州，甚至要置郑侠于死地，但神宗皇帝认为郑侠谋国而不谋身，忠诚为国，不可重罚，吕惠卿也只好收手。

早在王安石实施变法之初，吕惠卿就蓄谋已久，伺机夺权。王安国是王安石的弟弟，曾提醒哥哥要远离佞臣，时刻提防吕惠卿。一次，王安石在和吕惠卿商量变法的事情，弟弟安国看到，故意在屋子里吹奏笛子。谈兴正浓的王安石对弟弟大喊：“停此笛如何？”王安国应声回答：“远佞人如何？孔夫子曾说‘驱郑声，远佞人’。哥哥若能远离佞人，我便停此声。”王安石兄弟的一问一答，让一旁的吕惠卿十分尴尬。虽然他未说什么，但怀恨在心，伺机报复。恰巧，在郑侠流放英州时，吕惠卿以王安国与郑侠交往甚密为由，上奏弹劾，撤掉了他的职务，将其贬回老家。吕惠卿对上阿谀奉承，对下拉帮结派，扩大自己的势力。但他最担心的是王安石的复出。王安石虽已远离京城，但神宗念念不忘王安石，寻找机会请他复出。吕惠卿害怕王安石复出抢占了他的风头，更害怕好不容易建立的政治地位被王安石所推翻。于是，他将魔爪伸向自己的恩师王安石。山东有一起谋反案，主犯是一亲王，犯罪团伙中有一人是王安石的朋友。本来八竿子打不着的事，却被吕惠卿故做文章，诬陷王安石与此事有染，想置王安石丁死地。

吕惠卿的所作所为引起宰相韩绛等朝中大臣的不满，很多人强烈要求王安石复出。朝中大臣认为只有王安石才能控制吕惠卿。于是，宰相韩绛向神宗呈送一道密折，请神宗罢免吕惠卿，重新起用王安石。同时，他又派人给王安石送出一份密函，密函中称吕惠卿控告他谋反，若七天之内赶赴京城，可保全此事不爆发。谋反是大罪，只要与此事有关的人，不仅人头落地，还要株连九族。王安石接到韩绛的密函，意识到问题的严重性。他连夜从江宁出发，快马加鞭赶赴京城。进京后，连夜觐见了宋神宗。

神宗自王安石出京后，似乎失去了主心骨。再加上吕惠卿执政后，办事毫无章法，弄得朝中大臣怨声载道。他感觉长此以往，一直向往的宏伟大业将功亏一篑。他日夜想念王安石，似乎也能理解王安石的良苦用心了。自从韩绛告诉神宗王安石要归来的消息后，神宗又恢复了往日的理想，开始重振变法伟业。而吕惠卿此时把控告王安石与谋反有关的奏折呈送给神宗，希望神宗能尽快惩治王安石。宋神宗不相信吕惠卿的话，将他的奏折压而不发。

王安石一进京神宗就接见了他，君臣二人彻夜长谈，化解了昔日的误会。第二天，王安石官复原职，但他的复出并没有使吕惠卿放弃野心。吕惠卿不仅不协助王安石推行新法，反而处处设置障碍为难他，指责变法的弊端，企图搞垮王安石，以取而代之。吕惠卿做梦也不会想到，正当他算计别人的时候，有人已将矛头指向了他，而这个人正是他的政治伙伴邓绾。王安石复出后，朝中的很多大臣献媚于他，企图通过变法满足自己的私欲，其中御史中丞邓绾就是一个典型人物。邓绾原本也是王安石变法的积极拥护者，但王安石罢相后，他便倒向了吕惠卿，成了吕惠卿的政治盟友。此后，二人狼狈为奸，飞扬跋扈，为所欲为，对王安石落井下石，做了许多见不得人的龌龊勾当。王安石复出后，邓绾觉得自己的处境很尴尬。他知道王安石与吕惠卿两人有隔阂，不可能在他们二人之间左右逢源，他必须选择一人作为自己最终依附的对象。邓绾是个聪明人，他觉得直接倒向王安石是不大可能的事情，经过深思熟虑后决定从王安石的亲人入手。于是，邓绾选择了王安石的儿子王雱。他背着王安石，暗中与王雱商量，控告吕惠卿勒索华亭商人五百万缗铜钱。为了弥补之前的过失，重新获得王安石的信任，邓绾反戈一击，出卖吕惠卿。御史蔡承禧也取悦王安石，上表弹劾吕惠卿，称他结党营私，欺君罔上。神宗此时已对吕惠卿充满了厌恶，看到邓绾等人弹劾吕惠卿的奏折，一怒之下将吕惠卿贬出京城。三司使章惇也被邓绾弹劾，贬出了京城。韩绛是王安石复出的功臣，除掉吕惠卿等奸佞小人后，二人本应共同完成变法的宏伟基业，但韩绛与王安石的意见却始终背道而驰，而此时的韩绛已经萌生去意，他以病为由乞致仕，神宗批准了他的请求。至此，王安石重新独揽宰相大权。

王安石重登相位，可摆在他面前的路并不像以前那么好走。辞相后，朝政被吕惠卿搞得乌烟瘴气，王安石只好给他收拾这个烂摊子。这次他遇到的不仅是变法的问题，还面临着消灭黑暗的朝政势力的问题。王安石的复出使变法派重整旗鼓，但变法派明白之前所有的一切已功亏一篑，只要出现类似的流民事件，再次罢免王安石也不是没有可能。尽管王安石的复出使朝廷的风气好了很多，但他和神宗的关系却出现了严重的裂痕，变得很微妙。这是王安石十分担心的事，所以他在宰相位子上小心翼翼，生怕出现什么差错。尽管如此，反对派还是抓住变法带来的不良影响，伺机扳倒王安石。反对派不停地上书，要求神宗皇帝和皇太后体恤民情，他们添油加醋地诉说百姓生活的凄惨，甚至无中生有地捏造百姓如何议论变法的弊端……

王安石怎么也没有料到自己的雄心壮志和治国方略将要破灭。京城不断有人游行，要求废除新法。王安石十分气愤，请求神宗对他们进行治罪。神宗不答应，王安石坚持要给这些人治罪，称如不给他们治罪，新法就无法推行。神宗却说："现在不仅京城是这样，听说民间也有许多人对新法很是不满啊。"王安石此时才意识到神宗对变法的态度已经有所改变。

太皇太后和皇太后也认为变法存在很大问题。她们为了大宋王朝劝说神宗废除新法，罢免王安石。太皇太后是宋仁宗的皇后，已是七八十岁高龄，但她时刻关心着朝政。一日，神宗和母亲高太后、岐王赵颢去看望太皇太后。太皇太后开口斥责："听说天下百姓苦于新法，确有此事？"已为此事忙得焦头烂额的神宗听后，很是恼火，他悻悻地说道："行此法并非害民，而是利民。"太皇太后接着说："王安石虽有才学，但百姓苦于新法，若不对此事做个交代，怎么对得起天下百姓呢？"一旁的岐王也按捺不住地说："请陛下三思而后行。"神宗实在是忍无可忍，大发雷霆地怒喝道："你的意思是说朕无能吗？败坏祖宗的法制吗？朕不干了，这个皇位由你来坐！"听到这话，岐王赵颢气得失声痛哭，一场和谐的"家庭聚会"就这样不欢而散。

这件事后，太皇太后的话时刻提醒着神宗，在他耳边敲起了警钟。神宗深知太皇太后说话很有节制，不到万不得已，她绝不会有此举。神宗清楚地明白，若不对此事有个交代，怎么对得起列祖列宗，有何颜面去面对天下黎民百姓？即使有千百个不舍，也不能因为一个王安石而得罪天下所有的人。最后，神宗皇帝必须做出抉择……

第四节 辞相还乡归隐去

面对朝廷的非议，社会的流言，皇帝的无奈……王安石左思右想，毅然决定辞相归隐田园，远离朝廷的喧嚣。最令他悲痛欲绝的是爱子王雱因背疽英年早逝，年仅三十三岁。王雱是王安石的长子，自幼聪明过人，深得王安石的喜爱。治平四年（1067）进士及第，时年二十四岁，与父亲同朝为官，共同处理朝政，参与变法，修撰《三经义》。王雱的不幸离世，让王安石深感痛惜。他伤心欲绝，将近崩溃。王安石感到世间富贵如浮云，人生如梦，瞬息万变，更加坚定了他二次辞相的决心。

投老翻为世网婴，低徊终恐负平生。

何时白上冈头路，渡水穿云取次行。

王安石第一次罢相虽说是无奈，但第二次却是充满了无限的忧伤与遗憾，也带着些轻松。他感到身上的担子终于卸下来了，无官一身轻，他终于解脱了，可这个代价付出得太大了。为了实现富国强兵，完成振兴北宋的伟业，他付出了太多的心血。他不仅失去了爱子，还失去了民心，为了变法，他牺牲了一切，换来的却是天下百姓的谩骂、指责和无尽的伤痛，没有人能够理解他。

其实，自王安石第一次登上相位的那一天，就意味着终将以悲剧收尾。因为在当时的封建社会进行一场规模如此巨大的改革，是完全不现实的。不仅百姓的思想观念难以接受，就连朝廷的臣子也受到封建伦理纲常思想的影响，面对改革力度如此之大的变法也无法接受。换句话来说，若改革成功了，因皇帝是一国之主，圣人的化身，功劳要归于皇帝；改革一旦失败，或出现任何纰漏，酿成大祸，王安石自然就成了替罪羊。王安石离开京城之前，与神宗皇帝最后一次会面。君臣二人心知肚明，他们再也回不到过去，君臣为了国家繁荣，叱咤风云的时代已经不复返了。作为臣子，王安石为北宋王朝的振兴做了替罪羊，承担了巨大的社会压力。宋神宗内心充满了内疚，二人迟迟默不作声，大殿里弥漫着沉重的气息。最后，神宗皇帝开口说："爱卿这次虽离京城，但变法还是要继续进行的，等到风平浪静的时候，朕还是要请爱卿回来主持朝政。"王安石强忍着挤出一丝苦笑："臣实在是累了，这些年为了变法耗费了太多的心力。臣真的是撑不住了，如今臣可以回乡安度晚年了。唯一让臣放心不下的是陛下的身体，老臣走后改革大业就全靠陛下了。陛下一定要注意身体啊！"神宗皇帝恋恋不舍地说："爱卿走后，朕就失去了得力的干将，没有爱卿的陪伴，谁还能和朕一起彻夜长谈，商议国家大事呢？"神宗长叹一口气，继续说："爱卿这么一走，不知何时才能相见。爱卿为官多年，一贫如洗，朕赐你二百两银子，回江宁好好调养身体。这点银子权当是朕的一点心意，爱卿就不要推辞了。”王安石的眼圈一红，泪水顿时流了下来。归根结底，还是神宗皇帝理解他的良苦用心，君臣二人感情深厚，惺惺相惜，最终还是要离别分开。王安石深深地叩头谢恩。

王安石离开京城，望着熟悉而又陌生的城墙，内心充满了无限的酸楚和疲惫。他本想和神宗皇帝干成一番伟业，怀着“以天下为己任”的使命，承载着“士为知己者死”的精神，在这场没有硝烟的战争中，他拼尽了全力，没有半句怨言，默默地奉献与付出。然而，当遭到反对派的攻击时，皇上动摇，大臣奏议，百姓怨言……这些都深深地刺伤了他的心。王安石并不是什么高人，他不可能把这一切混乱残局当作过眼烟云。他骨子里有着文人的脆弱与智者的敏感，带着淡淡的忧伤。他向往自由安宁，可又放不下国家大事，这些都在王安石的心中激荡。他为了奋斗终生的事业，做了一件明知不可为而为之的事，已注定他的一生是一场悲剧。

在王安石被任命为宰相的时候，众臣们觉得他正是大展宏图备受宠幸之时。一日，文武百官登门道贺，王安石却没有一丝兴奋。他和朋友来到西庑的小阁，徘徊许久后，在窗户上黯然写下：“霜筠雪竹钟山寺，投老归欤寄此生。”此后，王安石罢相后，和这位友人一同畅游钟山寺。小憩之余，闲聊当年题窗诗的事，王安石叹息着说：“君看是不是啊？”说完，王安石淡淡一笑，这笑中不知饱含了多少辛酸与无奈。

至此，那个“天变不足畏，祖宗不足法，人言不足恤”的仁人志士消失了，那个叱咤风云的王安石彻底消失了。在那个时代里他深深地画了一个句号，但这个句号画得并不圆满。熙宁九年（1076），王安石携着一家老幼，带着儿子王雱的灵柩，伴着飒飒秋风和滔滔江声，穿着便衣离开了京城。在临行时，他伤感地写道：

贱贫奔走食与衣，百日奔走一日归。
平生欢意苦不尽，正欲老大相因依。
空房萧瑟施穗帷，青灯半夜哭声稀。
音容想像今何处，地下相逢果是非。

京城到金陵水路相通，开船之时，王安石吩咐家仆道：“我虽是当朝宰相，但今已告老还乡，凡一路停船之处，有人问起，你们莫说实话，只说是过往旅客。不要惊扰当地的官府和百姓，若是走漏风声，决不轻饶！”众仆人答道：“明白。”一个在王安石身边服侍多年的仆人，拱手作揖后说道：“相公如此隐姓埋名，但若碰到有人诋毁相公，该如何对待呢？”王安石笑着说：“俗话说‘宰相肚里能撑船’。若是称好，不足为喜；若是言坏，不足为怒。千万不要招惹是非！”就这样，他们沿着水路走了二十多天。后来，王安石不幸患病，只得与夫人等家眷分开，改走陆路，并相约在江宁江口会面。

水路还好，但改走陆路还乡，王安石却遇到了很多不顺心的事，一路上受尽了窝囊气。一天，他们来到一个小镇，由于王安石患病，不方便行走，家仆们想找些脚力，便到一家去寻。他们道明来意后，主人便摆摆手说：“自从拗公当权，设立新法，百姓四处逃窜，无家可归，连饭都吃不饱，哪还养得起骡马呢？”仆人问道：“你说的拗公是谁呢？”主人道：“名叫王安石。听说长着一双白眼睛，真是恶人有恶相啊！”王安石低头不语，转身朝屋外走去。王安石极度烦闷，来到一家茶馆，只见茶堂的墙壁上写着：

祖宗制度至详明，百载余黎乐太平。

白眼无端偏固执，纷纷变乱拂人情。

王安石看到又是在指责自己，沉吟了片刻离开了。他又来到一所道院，抬头一看，红墙上写着："尽为新法误苍生。"王安石无奈地直摇头，便疾步回到那主人家，决定哪儿也不去了。

第二日一早，他们便忙着赶路。一路上，主仆几人闷不作声，只顾往前走。只见天色已晚，仆人禀报王安石说："相公，将近夜色，今晚我们在哪里歇息？"王安石答道："依你之见？"仆人说："依我看来，不如我们找个驿馆歇息，省得再宿村户生些闷气。"王安石听后答应了。这天晚上没有人打扰，王安石睡得很踏实，连日来的疲劳一下子消散了许多。一大早，王安石信步来到亭台散步。忽然，他看到墙壁上写有：

高谈道德口悬河，变法谁知有许多。

他日命衰时败后，人非鬼责奈愁何。

顿时，王安石极度郁闷，一路走来，茶坊道观，村镇农家，处处题诗讥讽，咒骂新法，真是咄咄怪事！如今这驿亭里也有题诗诋毁，这真是太不像话了！想到这儿，他勃然大怒，决定去寻个究竟。他命家仆唤来驿馆的小二问道："这是哪个狂夫，敢如此辱骂朝廷？"驿馆的小二回答道："官人息怒，我等也不知怎么回事，这是一早刚发现的。听说，不只我们驿馆有题诗，其他各处也都有题诗。"王安石又问道："为何题此诗呢？"小二答道："据说王安石罢相还乡，上面布置下来，要求各处题诗相送。于是，一些人到处作些歪诗，诋毁他的名声，真是罪孽啊！"王安石听后，立刻明白了事情的原委：原来竟是这些顽固派搞的鬼。顽固派对变法从来都是不择手段，这些无关紧要的事是不值得烦恼的，只要惠及百姓，有益于社会，自己受些屈辱又有何妨？想到这里，他笑着对驿馆的小二说道：“既然这样，那就让他们到处题诗罢了，总有一天会被人们抹去的。”从此以后，王安石不再理会题诗的事。

回到金陵，昔日的老宅已变得破败不堪，墙头爬满了枯藤老枝。这些破败的景象与他此刻的心情一样，凄凉至极。王安石实在是太累了，朝廷多年的纷争，已经让他耗费太多的心力。现在，他回到这个熟悉的地方，感受着江南特有的温润，心情渐渐地平静下来。

晚年的王安石远离了朝政的纷争，可以静下心来，徜徉于山林之间，游山玩水，讲经论道，出于道观，宿于禅寺，过着闲适平淡的生活。元丰元年（1078），宋神宗特授王安石为开府仪同三司，封舒国公，领集禧观使。元丰三年（1080）授特进，改封荆国公，所以后人常称他为“荆公”。

王安石第二次出任宰相时，托朋友在江宁购置了一块田地，以做终老所居。这块土地位于江宁城外，距江宁城七里，距蒋山也是七里。此处距城、山均是半途，所以王安石取名为半山园。半山园的不远处，就是有名的“谢公墩”。南面有定林寺，附近还有孙权墓、宝公塔等，这里虽然比较偏僻，但很适合隐居。

这个半山园与其他园子相比，简直太寒酸了。它仅能避风挡雨，而不设垣墙，远远望去就像简陋的旅舍一般。有人劝王安石修个院墙，他却始终没有同意。在他看来，这样已经很好了。从王安石的诗词来看，他多次提到半山园的环境优美。如《浣溪沙》这样写道：

百亩庭中半是苔，门前白道水萦回。爱闲能有几人来？　　小院回廊春寂寂，山桃溪杏两三栽。为谁零落为谁开？

王安石在半山园过着远离政治和尘嚣的田园生活，每天读书作诗，自娱自乐，内心的伤痛慢慢得到了平复。他终于明白，这样的生活才是最适合自己的。身为一介书生，舞文弄墨，读书养性，才是他的最终归宿。这期间，他和老妻一起过着安静悠闲陶渊明式的恬然生活，从诗词中也可看出他此时的心境。如《怀古二首》写道：

（一）

日密畏前境，渊明欣故园。

那知饭不赐，所喜菊犹存。

亦有床座好，但无车马喧。

谁为吾侍者，稚子候柴门。

（二）

长者一床室，先生三径园。

非无饭满钵，亦有酒盈樽。

不起华边坐，常开柳际门。

漫知谈实相，欲辩已忘言。

退居江宁后，王安石开始删定《字说》，这是他的一项重要工作。以前，他在朝中公务缠身，一直没有来得及完稿，如今他终于有时间详加推敲完成心愿了。对于《字说》，王安石投入了大量的心血，他想为后世留下一部文字学专著。这部《字说》共二十卷，完成后呈送神宗皇帝。神宗看后批为佳作，当即定为天下学子必读教材，并与《三经新义》并行于世。这在当时影响很大，受到众人好评，流芳于世。但可惜的是，后来顽固派当政后，不辨是非与优劣，将王安石的所有论著全部废除，《字说》也不能幸免。

王安石晚年醉心于佛学，读得最多的是《维摩诘经》和《楞严经》。王安石十分喜欢这两部书，还曾做《楞严经解》十卷。他信奉禅宗，且以诗言志，引禅入诗。这期间他做了大量的禅诗，带有浓厚的佛教色彩。其中《无动》写道：

无动行善行，无明流有流。
种种生住灭，念念闻思修。
终不与法缚，亦不着僧裘。

《楞严经》旨要

半山园

元丰七年（1084），王安石生了一场大病，神宗皇帝派御医为他诊治。王安石向神宗请示将半山园捐献给寺院，以期为父母和儿子积功修德，希望他们在极乐世界好好地生活。神宗答应了，亲笔赐名“报宁禅寺”。“报宁”的含义很微妙，意为“荆公报熙宁（神宗）的知遇之恩”或是“荆公报江宁的养育之恩”。此名意味深长，耐人寻味。所以，半山园又称“半山寺”“报宁禅寺”。捐出半山园后，王安石在城内租了一个小院安居，从此再未置田产。一位全身而退、大名鼎鼎的宰相，却甘愿过着如此清贫的生活，自得其乐，荆公的品行不得不让我们钦佩。

晚年的王安石纵情于山水，谈诗论道，生活悠闲，但却很难掩盖他内心的伤痛与寂寞。最令他痛苦的是亲人的离世，先是长子王雱，后是次子王旁。亲人的离世，使王安石失去了生活的寄托。他纵然洒脱与豁达，也无法承受失去亲人的痛苦。然而，他还是坚强地挺了过来，因为他心中有一个坚定的信念，就是他要亲眼看到自己为之付出的变法伟业在神宗的领导下重焕生机，恢复北宋王朝的宏伟基业。但是，天有不测风云，人有旦夕祸福，王安石不久便得知永乐兵败，神宗皇帝卧病在床的消息。永乐兵败的消息对王安石来说，是个巨大打击。尽管他已经远离朝政，但他身系天下。从某种意义上来说，神宗的胜利就是他的胜利，神宗的失败就是他的失败。他不敢想象政局还会发展成什么样子，他怕成为千古罪人。

忧愁与痛苦折磨着他，本来就弱不禁风的王安石显得更加苍老了，浑身瘦得皮包骨头，身体每况愈下。王安石病倒的消息很快传到神宗那里。不久，神宗皇帝派王安石的女婿蔡卞前去探望。但从蔡卞的话语中，王安石察觉到神宗皇帝的身体很不好。因为蔡卞在谈朝政时，说朝中大臣们都在考虑立嗣的问题。毕竟神宗皇帝才三十多岁，正值壮年，但满朝文武开始考虑立嗣问题，可见神宗的身体不容乐观。元丰八年（1085），神宗皇帝的病情越来越严重，宫中乱成了一锅粥。皇帝是国家的象征，皇帝的龙体关系着国家的兴衰与安危。三月初一，神宗病重无法上朝，经文武百官请求，神宗的母亲高太后垂帘听政，皇六子立于帘外。此时，躺在病榻上的神宗皇帝双眼紧闭，气若游丝，但神志还十分清醒。大殿外，皇太后挽着皇六子静静地走在群臣的面前，取出一份手谕，宣告："皇上谕，立延安郡王佣为皇太子，改名为煦……"突然，大殿内外传来皇后、皇子及太监、宫女们的痛哭声。大臣们万分惊恐，低着头，强忍着泪水，小声哭泣着。皇太后听闻哭声，神情突变，太监们搀扶着她走向殿内。新立的皇太子赵煦号啕大哭，奔向父皇的皇寝。

元丰八年（1085）三月五日，神宗皇帝归天了，享年三十八岁。壮志未酬的神宗，结束了他短暂而又传奇的一生。战争的失败，深深地刺伤了他的心，最终带着无限的遗憾离开了人间。很快，神宗皇帝病逝的消息传到王安石的耳边，他的心情十分沉重。他无法面对残酷的事实，常常借酒消愁。王安石每日把自己关在屋内，时不时地起身走到窗前默默地感叹，泪流满面，谁也不知他在想些什么。此时，王安石深知自己将不久于世，作诗一首《新花》：

老年少忻豫，况复病在床。
汲水置新花，取慰以流芳。
流芳只须臾，我亦岂久长。
新花与故吾，已矣两可忘。

从诗中可以看出王安石悲凉的心境。他想栽点花来证明生命的存在，但又想到花其实和人是一样的，虽然芳香怡人，但终究是短暂的。想到自己不久也将像花朵一样逝去，心中充满了无限的惆怅与感伤。他明白人生不过短短几十年，无论生前有多么的风光，最终都将是一抔黄土。几天过后，王安石的心情渐渐平静下来，他为神宗作诗《神宗皇帝挽辞二首》，借以缅怀与悼念。

（一）

将圣由天纵，成能与鬼谋。
聪明初四达，俊乂尽旁求。
一变前无古，三登岁有秋。
讴歌归子启，钦念禹功修。

（二）

城阙宫车转，山林隧路归。
苍梧云未远，姑射露先晞。
玉暗蛟龙蛰，金寒雁鹜飞。
老臣他日泪，湖海想遗衣。

从这两首诗来看，句句真挚感人，催人泪下，表达了王安石对神宗皇帝的无限崇敬，寄托了深深的悼念之情。王安石深知神宗的离世对变法大业来说，是致命的打击。反对派的上台与反扑是不可避免的，将来的时局会怎样，王安石也无法预料。

神宗的去世，亲人的离开，所有的希望全部破灭。高太后垂帘听政，任用守旧派大臣司马光、吕公著为相，他们在太后的支持下卷土重来，把新法几乎全部废除。此时的王安石彻底绝望了，他望着远方深深地叹息。纵使心中有太多的苦闷，又找谁倾诉呢？虽未遭到守旧派的直接迫害，但他的《字说》已经受到查禁。改革实施的市易法、方田均税法、保甲法等新法皆被废除，眼看着自己倾注大量心血的事业被全部破坏，他实在无法忍受一连串的打击。元祐元年（1086）四月初六，王安石带着无限的遗憾离开了人间。北宋王朝一位大名鼎鼎的宰相，一位满腹经纶、才高八斗的才子，一位性情豪放、卓尔不群的文人雅士——王安石，就这样如同巨星陨落，从此退出了历史的舞台。王安石死后，甚至长达千年之久，人们众说纷纭，对他褒贬不一，但终不可否认的一个事实就是：王安石在中国历史的篇章中写下了浓墨重彩、辉煌灿烂的一页。

第五章

王氏家风

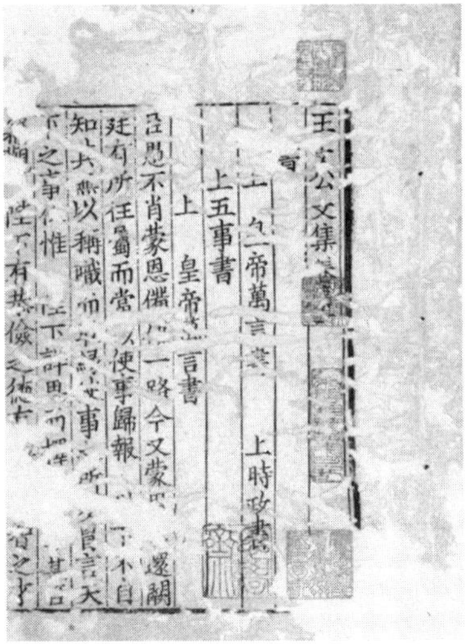

上皇帝萬言書　上時政書

上五事書

上皇帝萬言書

臣愚不肖蒙恩備使一路今又蒙恩還闕

廷有所任屬而當以使事歸報陛下不自

知其無以稱職而敢緣使事之所及冒言天

下之事

上皇帝万言书

第一节 廉洁奉公

王安石廉洁自律，克己奉公，把父亲的言传身教，作为自己的行为准则，并一生都在恪守。年少时他跟随父亲宦游四方，父亲的一言一行都深深地影响着他。王安石一生至诚至真，清正廉洁。他不畏权贵，不玩弄权术，这是王安石的本性。

王安石为官是出了名的廉吏。他身为宰相，连一方像样的砚台也没有。有人想去讨好他，挖空心思弄来一方砚台面见他，对他说：“大人，您看这方宝砚，呵之便能出水，唯有您才能不浪费它的价值啊！”王安石冷冷一笑说：“纵一提水，又能值几何？”王安石话里话外透着嘲讽，意思是说即使有一肚子水，没有墨也写不出什么好文章，有再多的水又有何用？其实暗讽此人“胸无墨水，一肚子坏水”。送砚台的人听后，惭愧地离去了。纵使再宝贵、再值钱的东西，王安石也不会看在眼里，更不要说是别人讨好送来的礼物，他坚决一概不收。

王安石的字写得刚劲有力，虽未称为大书法家，但“清劲峭拔，飘飘不凡，世谓之横风疾雨”。所以，常常有人找他求字，事罢后还送些“润笔费”。这是当时的惯例。但王安石认为这钱花着心里太别扭，于是他把钱全部封在一个袋子里，挂在房梁上。因为不是公家的，也不算是公费，他自己不用。一天，王安石因事回乡，有人把钱取下来花掉了，王安石得知后很生气。

王安石的清廉是发自内心的，对于吃、穿等身外之物，从不在意。他身为宰相，也从未改变过。王安石当上宰相后，儿媳家的亲戚来京城办事，拜访王安石。王安石听说家乡来亲戚，便约他一起吃饭。这个亲戚一听丞相大人要请他吃饭，高兴得不得了，以为丞相家设的宴席必定有上等的好菜。于是，他一大早没吃饭，就穿着体面的衣服前来赴宴。待到正午时分，王安石还没有忙完公务，亲戚饿得肚子咕咕直叫。又过了很长时间，王安石终于忙完了事情，叫来亲戚一起吃饭。亲戚一看傻眼了，桌子上没有果盘也没有点心之类的美食，觉得很奇怪。喝了几杯酒后，下人才端上来两块胡饼，又端来四份切成块的肉和两碗菜羹。亲戚平日娇生惯养，哪里吃得下这种饭菜，于是把中间软的饼吃了，剩下的丢在桌子上。王安石见他不吃，觉得太浪费，就把剩下的饼吃完了。亲戚看到，很是惭愧。出了宰相府，逢人便说王安石身居相位，吃的也不过如此。

王安石洁身自好，从不收礼。生病严重之时，朋友送来的药材也从不接受。变法实施过程中，王安石经常废寝忘食，十分疲惫，身体几乎快要累垮了。一日，薛向拜见王安石，正巧看到王安石剧烈地咳嗽。他见王安石咳得满脸通红，很是揪心，于是对王安石说：“丞相，您前年到河东会馆看望我的时候，我就留意您的病情。河东出产一种药材，名叫紫团参，能够治疗咳嗽。参越老，治疗效果越好。我去年回老家时买了两支，一直想送给丞相。今天拜见丞相，我正好带来了，还请您多多保重身体。”说着，薛向惶惶不安地把参送给王安石，因为他知晓王安石一向从不收礼。王安石笑着说道：“老夫平日里也没食用过参，不也身体很好吗？”王安石明白薛向的好意，虽未收礼，但也没给薛向难堪，只是幽默地一笑而已。由此可见，王安石一生多么廉洁！

王安石从小受到父亲的熏陶。他的父亲王益为官一生，本本分分，清正廉洁，不置田产。王安石也像父亲一样，不管家中财务开支，俸禄发下来就交给家人，任他们自由支取。所以，王安石的一生没有什么积蓄。罢相后，神宗赐给他丰厚的银两，还送给他马匹用以代步。直到最后这匹马死去，也没见王安石骑过它。轿子他也从来不坐，平日里只是骑着一头驴子行动。

第二节 孝友之家

王安石因孝顺父母、为人友善而闻名于世。对于长辈，他始终恪守“孝”“敬”二字，他尽心侍奉年迈的祖母和母亲。对于兄弟姐妹，因父亲去世较早，他自觉担当家长的角色，尽力赡养全家，对全家人的照顾更是无微不至。对于妻子，他始终如一，一生从未纳妾，这在封建社会实属罕见。对于儿女，他既有谆谆的教诲，又有柔情的父爱。对于朋友，他感情真挚，念念不忘。对于政敌和背叛自己的人，他却能宽容大度，不计前嫌，款款相待。

对于长辈，王安石极为孝敬。王安石十九岁时父亲去世，他侍奉祖母十年之久。他为了多挣点俸禄，曾多次请求外任地方，以便奉养祖母、母亲和寡嫂。当年，王安石俸禄微薄，他却将有限的俸禄用于奉养老人。王安石的孝心是公认的，完全是发自内心的，这些从《王安石集》以及与弟安礼、安国的往来诗文中可以看出。王安石是个至情至性之人，在父亲去世后，他悲痛万分，作诗一首：

> 旻天一朝畀以祸，先子泯没予谁依？
> 精神流离肝肺绝，眦血被面无时晞。
> 母兄呱呱泣相守，三载厌食钟山薇。

这首诗表达了王安石无限的伤痛，意思是：上苍为何突然降祸我家，父亲一朝仙逝，以后我们还有什么可以依靠？失去父亲，使我悲痛欲绝，精神恍惚。不要说蓬头垢面，以泪洗面，根本就无暇去梳洗，痛哭着伤心到了极点，眼睛都流出了鲜血。母亲和兄弟姐妹们守孝一方，一边哭泣一边彼此慰藉。连续几年，全家人都无法从悲痛中走出来。每当吃饭的时候，看到桌上为父亲摆放的碗筷，非常难受，连饭也吃不下去了。王安石的诗词平淡，无华丽的辞藻，这些都反映了当时的真实情形。此诗作于父亲去世后五年左右，伤痛之情仍可催人泪下。

王安石对祖母和母亲十分孝顺，曾经因祖母年迈需要照看，多次推辞朝廷的任命。在母亲去世以前，王安石一直都不愿进京。王安石的母亲是吴夫人，她出身书香门第，喜好读书，识文断字。到了老年，还常常拿着书本学习，记忆力超强。她做事果断，明白是非，在很多事情上都有自己的独到见解。王安石每到一个地方，都把家人带着。

嘉祐八年（1063），王安石的母亲在京城家中去世。王安石奉母至孝，悲痛万分，上书朝廷请求留守江宁，为母守孝。按旧制，古时为父母守孝三年，实际是指首尾三年，一般守孝二十四个月，也有守孝三十个月的，但很少有守孝三十六个月的。按常理王安石在1065年守孝期满，但三年出服后，他却托病不肯回京，在江宁老家待了五年。王安石在为母守孝期间，整日麻衣孝服。他在母亲坟前盖了一间草屋，地上铺着秸秆稻草，每日席地而卧。由于极度哀伤，他面容憔悴，身体消瘦，形神俱损，几乎认不出来。

一日，荆南知府潘夙有事告知王安石，写了一封信交给信差送往江宁。信差快马加鞭来到江宁，根据路人的指引，找到了王安石的住处。他见到一个瘦弱的老头席地而坐，骨瘦如柴，面色憔悴，以为是王安石的下人，对他说道："我这儿有一封信，是给你们家官人的，麻烦你尽快送到家中。"这位信使把王安石当作下人，那时王安石不过四十多岁，因伤心过度，俨然一位老人。王安石并没有纠正信使的话，他接过书信坐在草垫上拆开来看。信使一看，顿时着急起来，连忙说道："你这老头，这信是给你家主人的，你一个下人怎么能拆开私自看呢？你家主人怪罪下来，如何得了？我也没法交差啊！"信差急得大呼小叫，引来了众多的路人。路人赶来便说："你啊，别在这儿喊啦，眼前的人正是你要找的官人，可不是什么下人啊！这乃是王安石大人！"另一路人在一边小声说道："王大人是由于老母去世，伤心所致啊！"信差听后，这才明白了事情的原委，一个劲儿地直呼"大人"，磕头谢罪。王安石只是摆摆手，并不计较那么多。这位信使回去后不停地赞叹着："天底下竟有如此孝顺的人！"

王安石对兄弟姐妹也关爱有加。父亲过早去世，两位兄长科考不顺，家庭的重任他扛在肩上。长兄王安仁去世后，他饱含深情地写下《亡兄王常甫墓志铭》，全力照顾寡嫂和兄长的遗孤。熙宁元年（1068），王安石奉命入京，闲暇之余与朋友游览西太宫，不觉想起父亲和长兄带他来过此地。想起往事，王安石不觉悲痛万分，当即写下两首感人的题壁诗：

（一）

柳叶鸣蜩绿暗，荷花落日红酣。

三十六宫烟水，白头想见江南。

（二）

三十年前此地，父兄持我东西。

今日重来白首，欲寻陈迹都迷。

此诗伤感之情无以言表。长兄王安仁读书二十年，但因科考不顺，三十五岁才中进士，补宣州司户参军，后又监江宁府盐院。到任三月即卒，卒年三十七岁。长兄经历不顺，王安石对长兄的英年早逝悲痛万分，尽力为其营葬，并汇编文集十五卷，一藏于家中，二埋于墓中，将文章存世以缅怀长兄。

王安石对弟弟也极为关爱。王安石本是兄弟七人，后来去世三人，后以王安石为长。王安石就像父亲一样，无微不至地关心照顾弟弟。诸弟年幼时，生活无法自给，王安石将俸禄带回家中任由他们支取。熙宁元年（1068），王安石在江宁府奉命“越次入对”，神宗皇帝特赐贡茶。这种名茶产自福州，由海上运到京城，每袋一二两重，囊以红砂，外用十余斤普通的茶叶裹着，用于防潮。这种名贵的茶叶在民间根本看不到。王安石得到珍贵的茶叶，不忍独自享用，于是分成几小份，分别寄给自己的兄弟，还赋诗相赠。

寄茶与和甫

彩绛缝囊海上舟，月团苍润紫烟浮。

集英殿里春风晚，分到并门想麦秋。

寄茶与平甫

碧月团团堕九天，封题寄于洛中仙。

石楼试水宜频啜，金谷看花莫漫煎。

一点茶叶也要与兄弟们分享，王安石对兄弟们的细心与牵挂让我们不得不为之感动。每逢中秋佳节，他都会思念未在身边的兄弟姐妹，即使有千山万水相隔，也难阻隔王安石的思念之情。他曾作诗赠给诸弟，如下：

中秋夕寄平甫诸弟

浮云吹尽数秋毫，爚爚金波满满醪。

千里得君诗挑战，夜坛谁敢将风骚？

除夜寄舍弟

一樽聊有天涯忆，百感翻然醉里眠。

酒醒灯前犹是客，梦回江北已经年。

佳时流落真何得，胜事蹉跎只可怜。

惟有到家寒食在，春风因泛瀕溪船。

王安石对三个妹妹也很有感情。长妹嫁给工部侍郎张奎，二妹嫁给大理寺少卿朱昌叔，三妹嫁给沈季长。其中一首《示长安君》表达了对妹妹离别的伤感之情，诗云：

少年离别意非轻，老去相逢亦怆情。

草草杯盘供笑语，昏昏灯火话平生。

自怜湖海三年隔，又作尘沙万里行。

欲问后期何日是，寄书应见雁南征。

王安石对妻子的情感，始终如一，一生从未纳妾。据记载，嘉祐六年

（1061）的一天晚上，王安石正在书房写奏折，刚写了几个字，突然，门帘被轻轻掀开，悄悄进来一位妇人。这位妇人手里端着一杯热茶，笑脸相迎，轻轻地走到他的身边。透过笑容，王安石发现她微微露出些许惨淡的忧伤与无奈。王安石顿时诧异地问道："这位女子是何人呢？"那妇人回答："奴家是夫人买来服侍相公的。"说着流下了眼泪。原来这个妇人的丈夫是江宁的一个小官，在一次负责押运的途中，不幸船翻粮沉。他的家产全部被没收，但还是不够赔偿损失。于是，丈夫只好将妻子变卖折钱进行赔偿。王安石听后，不由心生同情，问道："夫人用多少钱买你回来的？"妇人答道："九十万缗。"于是，王安石没有多想，就派人把她的丈夫叫来，领她回去，全家团圆，还免了她丈夫的罪。并且，连夫人买女子的钱也不取回，还赠送给他们一些银两，以渡难关。拒绝纳妾在封建社会实属罕见。王安石虽受封建思想的束缚，羞于表达对爱人的感情，但他从未纳妾，与妻子相守一生。夫人为他买妾，他拒绝接纳，可见他对夫人的感情至深。

王安石第二次罢相回江宁时，生了一场大病，病得特别严重，他对妻子嘱咐说："夫妇之情，不过是偶然的姻缘。我死后，夫人不必伤心难过，只需做些善事，积些功德就好了。"夫人听后，安慰他说："你的病不要紧，不要说些不吉利的。"王安石答道："人之生死不可预测，我怕突然一天不行了。我把临终肺腑之言交代清楚，省得留下遗憾。如今借此交代一下，万一我突然撒手人寰，也不至于留下遗憾啊！"

对于儿女，王安石更是充满了柔情。他对儿女特别宠爱，在他出任鄞县（今宁波市鄞州区）知县时生有一女，刚一岁就夭折了。王安石非常伤心，满怀深情地为女儿写了墓志铭，虽说是寥寥数语，却表达了浓浓的父爱。他在鄞县任职期满告别之时，半夜乘舟到女儿的墓前诀别，为了表达对女儿的哀思之情，作诗一首《别鄞女》，实在令人感动。

行年三十已衰翁，满眼忧伤只自攻。

今夜扁舟来诀汝，死生从此各西东。

王安石对家人如此，对于朋友的感情也很真挚。王安石年轻时的友人王令，曾是北宋文坛上的天才。王令五岁的时候，父母双亡，自幼跟随叔父在广灵居住。王令小时候，放荡不羁，爱打抱不平，到处生事。一天，他突然醒悟，发奋读书，每日通宵达旦，发现自己喜爱的书，几夜不睡也不知疲倦。王安石和他年龄相仿，二人很投缘。王安石欣赏他的才华，称他“卓荦可骇，所学所守，超然不可及”。在任提点江东刑狱使时，王安石断案不同于流俗，以致流言纷纷，他不知所措，便写信询问王令。在回信中，王令直言不讳，大加赞赏，支持王安石不畏流言，坚持己见。王安石深爱其才，在与王令结伴游江南时，观察他的言谈举止后，决定将二舅的女儿介绍给王令。于是，王安石写信给二舅，希望能成全此事。但二舅因听说王令儿时有“不良”行为，不愿答应此事。王安石回信说道：“王令秀才，才智过人，精通文学，虽贫不应举，为人亦通不至大段苦节过当。他恐二舅不欲作亲，久不得委曲，不知尊意如何？传闻皆不可信，吾见其所作所为，甚是可爱。”王安石透过表面看到王令的良善，并且告诉二舅不要轻信传闻。王安石见二舅不回信，于是又写一封，说：“吾曾上状，不知审达与否？王令秀才才学与其性行，诚是豪杰之士，或传其贫苦，近日人从之学者众多，亦不至绝贫乏。况其家人丁少，易为赡养。虽不应举，但应举者未必及第，未必不穷苦潦倒，还请斟酌。”经过王安石几次诚恳的推荐，二舅终于答应了这桩婚事。王安石本以为王令才华非凡，能与之共同建功立业。可是，王令在婚后一年就去世了。听到这个噩耗后，王安石痛不欲生，亲自为他写下墓志铭：

寿胡不多？天实尔啬。曰天不相，胡厚尔德？厚也培之，啬也推之，乐以不罢，不怨以疑。呜呼天民，将在于兹！

王安石失去了挚友，久久不能释怀。他彻夜难眠，以诗寄情，作诗一首《思王逢原》：

蓬蒿今日想纷披，冢上秋风又一吹。
妙质不为平世得，微言唯有故人知。
庐山南堕当书案，湓水东来入酒卮。
陈迹可怜随手尽，欲欢无复似当时。

王令死后，王安石放心不下他的妻子，不时地送去钱物接济。在王安石的心中，友谊非常重要。友谊不分穷富，不分年龄，只要志同道合，友谊都是真挚的。

对于曾经志同道合后来又背信弃义的人，王安石宽容大度，不计前嫌，做到了“宰相肚里能撑船”。王安石出任宰相时，曾向皇帝举荐吕惠卿。二人赞同变法，主张实施改革，关系深厚。所以，在王安石第一次罢相后，他就推举吕惠卿任参知政事，独揽国事，从中可见王安石对朋友的信任。可是，自从吕惠卿当政后，却伺机扳倒王安石，自己当政。于是，他企图将一个皇室宗亲叛乱的案子栽赃到王安石的头上。这个案子涉及王安石的好友李士宁。李士宁是一位入世的道士，他能言善辩，通晓医术，好占卜之术，能文善诗，然有些狂傲，常奔走于权贵之间。王安石欣赏他的才学和奔放的个性，常与之诗文往来。说起叛乱，那是绝对不会牵扯到王安石身上的。可是，吕惠卿并不仗义，不但不替王安石解围，反而加罪于王安石。

神宗皇帝就此事询问吕惠卿：“爱卿认为李士宁案如何？”吕惠卿答道：“叛国之罪，当依法斩首。”神宗又问：“安石如何？”吕惠卿答：“臣以为当应重法。”神宗皇帝听后，默默不语。神宗的意思是此事若牵连王安石该怎么办，而吕惠卿不但丝毫不为王安石说话，反而落井下石。神宗皇帝心知肚明，吕惠卿是王安石一手提拔的，他却不为王安石说一句话。此事明明与王安石无关，他却如此险恶。通过试探吕惠卿，神宗皇帝失去了对他的信任。

在紧要关头，神宗皇帝决定召回王安石，重新起用王安石为相。作为王安石的好友吕惠卿，不安于位，力求外放。神宗皇帝本无意挽留，王安石却不计前嫌，还为他求情。王安石询问道：“不知惠卿因何事不合上意？”神宗答道：“他嫉妒、好胜、不公……”王安石回答：“对于惠卿，陛下不必纤介细故，使其不安。”神宗道：“朕知道爱卿无私，惠卿小人也，不能助爱卿。”王安石回答：“以国事为重，恐不宜如此也。”从对话中可看出，王安石并没有因吕惠卿有意陷害而耿耿于怀，毕竟他是曾经辅佐过自己的朋友。

王安石一生对长辈、妻子、儿女以及朋友都是至诚至真，即使对自己的政敌，他也从未有过任何私人恩怨。他光明磊落，坦坦荡荡，如此性情品格，实在是难能可贵啊！

第三节　好学不倦

王安石一生勤奋好学，自幼喜爱读书。早在六七岁的时候，王安石就开始读书，而且记忆力惊人，能够做到过目不忘。中举后，他为了干一番事业，更是发奋读书，不辞劳苦。王安石喜好读书、钻研学问的习惯从未改变。

宋仁宗庆历二年（1042），年仅二十二岁的王安石考中进士，被派往扬州做淮南签判。他在官署衙门里除了办公务，就是埋头苦读，有时候，该睡觉了也不肯休息，读书到天亮，实在坚持不住了才稍微休息一下，睡上一两个小时。然后，匆匆忙忙穿上衣服到官署去办公，常常顾不上洗漱。因此，总是蓬头垢面，不修边幅。扬州知府韩琦误以为他安于享乐，纵情于声色。日后得知，他是因为通宵达旦苦读学习，大为惊奇，从此十分看重王安石，逢人就夸奖他。

庆历七年（1047），王安石在鄞县任知县。他到任后，给自己定下规矩，除了处理公务，其余时间用于读书学习。他十分刻苦，为了挤出时间多读些书，不仅忘记了休息，有时连吃饭的时间也没有。每当拿到一本新书，他就不分昼夜地拼命读起来，简直达到入迷的程度。他平时最爱吃“羊头签”，家人给他送去，他一边读书，一边随手拿着“羊头签”往嘴里塞，有时，不觉吃得太多，以致引起肠胃炎。

王安石在舒州任职的时候，常常秉烛夜读。静静的夜色，高高的桌案上挂着烛台，仿佛一轮皎洁的明月挂在天空。当地的百姓，夜晚路过时会习惯地朝烛台一方张望，看到烛光下王安石夜读的身影备感亲切。这一景象深深地印在当地百姓的心中，给后人留下了无限的怀念与向往。后人曾多次作诗赞扬王安石挑灯夜读的情景。诗文如下：

（一）

舒王台榭高百尺，舒王事业人不识。

至今忽见明月来，台上犹疑照颜色。

（二）

台高月皎洁，清影照回廊。

至今留胜迹，千古有余香。

王安石博览群书，知识渊博。多年来，他不仅研读了大量的经史子集和政治、经济、军事、文学等著作，还研究了佛学和道学。

早在孩童时期，王安石就对佛教产生了浓厚的兴趣。那时父亲王益在韶州任职，韶州是六祖惠能法师长期开坛讲经的地方。受到惠能法师的影响，韶州成为禅宗重要的发源地之一。韶州的见闻使王安石开始关注佛教。纵观王安石的一生，他对佛教的喜爱从来都没有改变过，他所作的诗文更是表现得淋漓尽致。二十多岁时，王安石在《杭州修广师法喜堂》中写道“始知进退各有理，造次未可分贤愚。会将筑室返耕钓，相与此处吟山湖”，表现了对佛教的肯定与向往之情。三十多岁时，王安石作《城陂院兴造记》，对城陂院僧人法冲法师予以褒赞。四十多岁时，王安石写有《寄育王大觉禅师》《华藏寺会故人》等禅诗。五十多岁时，他创作了大量的佛理诗词，甚至将自己的田产全部赠予佛寺。自六十岁直到去世，王安石归隐田园，经常与僧人同游，不仅创作了一些佛理诗文，还鼓励他人学习佛学。他在《拟寒山拾得二十首》中写道：“勇有孟施舍，能无惧而已。若人学佛法，勇亦当如此。休来讲下坐，莫入禅门里。但能一切舍，管取佛欢喜。”他在晚年时期创作的很大一部分诗词都与佛教有关。除了诗词，据史料记载王安石还注释了多种佛经，可惜没有一本能够流传至今，实乃遗憾。

第四节　天性率真

王安石天性率真，始终不改。他虽为一位成熟的政治家，但胸无城府，素以诚待人，不搞阴谋诡计，这在古往今来的政治家中很少见。

王安石初入仕途，主动要求出任地方官，而不求清要之职。主要原因是为了养家糊口，而文彦博认为养家糊口只是借口而已，恬然自守才是本意。文彦博想举荐王安石来遏制朝中的结党营私，可是王安石偏偏不知趣，非但不上书谢恩，还责怪文彦博不体察实情。他在《乞免就试状》中指出："伏念臣祖母年老，先臣未葬，弟妹当嫁，家贫口众，难住京师。……令臣无葬嫁奉养之急，而逡巡辞避，不敢当清要之选，虽曰恬退可也。今特以营私家之急，择利害而行，谓之恬退，非臣本意。"王安石率真的性格，道出了实话，这种坦诚的精神为常人所不及。他还作《舒州被召试不赴偶书》一诗：

戴盆难与望天兼，自笑虚名亦自嫌。

槁壤太牢俱有味，可能蚯蚓独清廉。

这首诗表现了王安石自笑自谦、固守清廉的性格，暗含了对当政者戴盆望天的嘲讽。王安石为相后，仍然不改率真的风格，据《邵氏闻见录》记载，钱景谌到王安石府里，当时正值盛夏，王安石与僧人卧在地上，还有一人袒身坐在一旁，而令钱景谌也解衣同谈。钱景谌是王安石的学生，王安石在主试中录取了他，又举荐提拔，对他有知遇之恩，所以一起同聊，而无防范之心。哪知钱景谌固守旧制，不赞成新法，还将王安石的坦诚之心当成了失礼，上书皇上，成为后世朱熹等人攻击王安石的一个证据。在朱熹看来，王安石不是率真，而是“以佛老之言为妙道，以礼法事变为粗迹”，这在朱熹的眼中是大逆不道的。

王安石始终保持纯真而固执的本色，面对上级也不会改变。王安石任群牧判官时，据说一日，包拯偶然看到衙门大院里的牡丹盛开了，花开得争奇斗艳，很是诱人。包拯十分欣喜，吩咐下人置办酒席赏花。他宴请同僚们一起赏花助兴，当时宴请的官员有司马光、王安石等人。王安石不苟同流俗，最烦在上级面前献媚。碍于包拯的面子，他也不好拒绝，便与司马光一同坐下来吃饭。大家举杯共进美酒的时候，包拯却发现王安石与司马光二人没有喝酒。包拯误以为两人不好意思，有些拘谨，便笑着说道：“两位千万不要拘束，今天请大家就是来赏花喝酒的，你们一定要尽兴才好。”司马光开始有些拒绝，但碍于面子，最后还是喝了酒。轮到王安石的时候，他坚决不喝。在他看来，我不喜欢喝酒就是不喝，即便你是上级，我也不能因为你而改变。包拯也没见过像王安石这样倔强的人，不过包拯是个大度之人，也不勉强王安石。他看到王安石坚决不喝，也不再强求，笑着说道：“好样的！三军可夺帅，匹夫不可夺志也。”

王安石一生始终坚持信念，持之以恒、不改本色是王安石终生坚守的信条。他不肯向流俗妥协，有时难免让人觉得不讲人情、不通情达理。在他执政后，这种固执的性格就表现在政治思想上。司马光早年与王安石是好朋友，却因不能理解王安石的政治主张，强烈反对王安石实施新法，最终成为反对王安石变法的主要政敌之一。在神宗皇帝的支持下，“青苗法”推行后，反对派势力遭到压制。司马光不甘心，接连给王安石写了三封信，在信中严厉指责王安石变法带来的种种弊端，并称因新法酿成天下大乱，人人不安。司马光除了指责王安石实施的改革，还批评他的性格和为人，言称：“介甫（王安石）素刚直，每议事于人主前，如与朋友争辩于私室，不少降辞气，视斧钺鼎镬无如也。及宾客僚属谒见论事，则唯希意迎合，曲从如流者，亲而礼之。或所见小异，微言新令之不便者，介甫辄艴然加怒，或诟骂以辱之，或言于上而逐之，不待其辞之毕也。明主宽容如此，而介甫拒谏乃尔，无乃不足于恕乎？”司马光的言辞虽然有些夸张，但从中可以看出王安石刚直的性格。在和神宗皇帝谈论国事时，王安石也总是据理力争，不依不饶，不会因高高在上的皇帝而曲意逢迎。神宗皇帝知道他的为人，并不因不敬而生气，有时和王安石意见不一致发生争执时，神宗总会认真思考，甚至还诚恳地向王安石道歉。正是神宗的这种优秀品质，才使王安石大刀阔斧地实施改革。

王安石对朋友率真，对政见不同者也是如此。苏轼兄弟曾对他误会不小，晚年时，他对路过江宁的苏轼仍倾心相待。王安石原本与苏轼志趣相投，他们追求自由、不拘礼法。王安石不因苏轼屡屡讥讽新法而恼怒，而是以诚相待。苏轼为之感动，不仅与王安石一起谈诗论禅，还卖地置田，一同学习。

王安石不仅天性率真，还很幽默。他经常和别人开玩笑，别人与他开玩笑他也不介意。他的好友刘攽天性滑稽，喜欢开玩笑，别人觉得无法忍受，他却不以为然，毫不介意。王安石的性格确实和一般的庸儒不同，他率真而幽默的品格，是那些道貌岸然的庸儒所不及的。所以，王安石能够冲破种种阻挠，力推变法，重振北宋伟业，这些与他的性格是分不开的。

第五节　一生俭朴

王安石一生俭朴，对生活无所求，始终保持着艰苦朴素的生活作风。王安石年少时，由于父亲过早离世，家中生活十分贫困。因此，他早期一直将事亲养家作为主要目标。由于下层京官俸禄太低，京城物价太高，无法奉养一家老小数十口人，所以他多次要求外任。王安石对上孝敬长辈，对下照顾兄弟姐妹。据说王安石一领到俸禄，便带回家中，任由兄弟自取。王安石清正廉洁，从不乱花一文钱，始终过着俭朴的生活。

王安石的这种俭朴是发自内心的，这与他长期的道德修养有关。他一生秉承俭朴的生活习惯，并成为他终身坚守的信条。中年时期，兄弟相继中举或应诏入朝，妹妹也相继出嫁，家庭负担没有那么重了。同时，随着王安石职位的提升，收入也大为提高，但他仍然过着俭朴的生活，还是粗茶淡饭，节衣缩食。他不贪图享受，对于饮食从不挑剔。据说有一次，王安石家里买了一些獐子肉，饭桌上，这盘肉正好摆在王安石的面前，厨子见他吃得津津有味，碗底朝天，很是高兴，于是第二日又买来獐子肉。王安石的夫人见到，笑着对他们说："今天你炒一盘青菜放到大人的面前，看他吃得怎么样？"于是，下人按照夫人的吩咐，把青菜摆在王安石的面前。结果，王安石也将青菜吃了个底朝天，桌上其他的菜也没有动。厨子这才明白夫人的话，什么菜放在大人面前，大人就吃什么，根本没有喜欢吃什么或不喜欢吃什么的想法。

王安石任宰相近十年，身无余财。归隐之后，他在江宁府城外和蒋山（今南京紫金山，又叫钟山）中间修建了几间房屋，十分简陋，仅能遮风挡雨，连院墙也没有，附近也没有几户人家。王安石虽然很俭朴，但很有情调，他种植了不少花草树木，还将洼地整治成池塘，花费不多，却使所居之处变成了充满诗意的田园小院。王安石定居于此，因这里恰好在城东门至蒋山的半途中，所以起名为半山园。而那些崇尚名教、宣扬仁义道德的公卿大户，他们锦衣玉食，置办起亭台楼阁，俨然"安乐窝"一般。相比之下，王安石的生活却显得寒酸至极，苏轼等人称他为"山野之人"。

元丰七年（1084）春，王安石大病过后，觉得这小小的田产也是个累赘，于是他将这一切全部捐给了寺院，自己在城中租了一个小院居住。从此，他身无房产，成为一个真正的无产者。王安石退隐后，生活十分简单，经常骑驴出游，粗茶淡饭。有人觉得不安全，劝他坐轿，他言道："古之王公至不道，未尝以人代畜。"王安石不坐轿的原因，不仅仅是节俭，更重要的是尊重人，他认为人不是动物，不能让人抬着自己出行。

王安石的俭朴在当时也是出了名的，神宗皇帝知道他家贫困，归隐后多次派人送钱给他。他都转手捐给了寺院，以此为父母修功德。王安石的生活态度和品格固然与早年的贫困有关，但更多的是内在的个人修养。一些人认为他这种品格的形成与佛教有关。佛家主张无欲，只要能维持基本的生活足矣。佛家把吃饭称为“疗饥疮”，吃饭的目的只是维持生命而已。精神的觉悟比肉体的存在更重要，甚至可以牺牲肉体来换取精神的解脱。禅宗的第一代祖师以苦行著称，不贪图生活享受，游走山林之间。王安石的生活作风与禅宗极为相似，在江宁守孝期间，人们称他为“无欲似头陀”。到了晚年，他的生活也与僧人没有什么区别，只是未穿僧衣罢了。

第六节　文坛佳话

王安石不仅是一位著名的政治家、思想家，还是一位卓越的文学家。他将自己的政治思想与文学创作紧密结合，强调文学应服务于社会。王安石的作品大多反映社会的种种矛盾，具有浓厚的政治色彩，如《王临川集》《临川集拾遗》等。

王安石作为"唐宋八大家"之一，他的文章针砭时弊，观点鲜明，阐述自己的政治见解和主张。如《上仁宗皇帝言事书》一文中，王安石对北宋王朝内外交困的社会形势进行了分析，阐述了社会变革的政治主张。如《答司马谏议书》以数百字的篇幅，针对司马光指责新法实施中的弊端进行批驳，该文短小精悍，体现了王安石刚毅果断的政治家风范。王安石还写有一些评价人物的小品文，如《鲧说》《读孟尝君传》《伤仲永》等，笔力劲健，极富感情色彩。王安石的文章为改革变法和巩固北宋诗文革新运动的成果起到了重要的推动作用。

王安石的创作以罢相为分水岭，在内容和风格上有明显的区别。罢相前的创作，善于说理，倾向性较强，涉及许多重大而尖锐的社会问题。文章内容多体恤民间的疾苦，替百姓发出不平之声，如《感事》《省兵》《兼并》等，反映了北宋积贫积弱的社会现实，指出大地主、大商人兼并土地对国家和人民的危害，提出“精兵择将”的政治建议；如《试院中》《评定试卷》等，强烈地抨击以诗赋取士的科举制度，要求起用经世济国的人才；如《收盐》《河北民》等，反映了当时的人民群众受到统治者剥削和压榨的悲惨境遇；如《元日》《歌元丰》等，展现了变法带来的社会新气象和举国人民欢乐的景象；如《商鞅》《贾生》等，针对历史人物进行功过得失的评价，抒发新见解。罢相后，王安石归隐田园，诗歌创作上有明显的变化。他流连于田园山水之间，创作了大量的写景诗和咏物诗，抒发了恬适的生活情趣，如《泊船瓜洲》《梅花》《江上》等，艺术手法臻于成熟，意境幽远，表现了对大自然的热爱之情，为历代所传诵。

其中，《泊船瓜洲》这首诗的创作背景为神宗皇帝即位后，王安石奉诏进京，路过瓜洲时，客船停下来歇息。王安石走出了船舱，一轮明月悬挂在空中，平静的水面仿佛镀上了一层金色的光芒。当时已是春天，风不再刺骨，岸边的树木焕发出新的生机。王安石站在船头，遥望对面的群山，群山的后面就是钟山。仿佛昨天他还在和朋友们谈经论道，同弟子们讲解经义，如今一水之隔，自己却要远去，这一去是否能实现自己的理想呢？其间又要经历多少风风雨雨？他抬头望月，站立良久，不禁感慨，而此时冷月无声，只有微风轻轻吹过。这时，仆人从船舱中探出头来，关切地问：“大人，夜已经深了，外面太冷，还是进船舱里歇息吧。”王安石点点头，踱步走进了船舱。可是，他的思绪还停留在外面的景色中，于是他走到案头，有感而发，写下《泊船瓜洲》。

京口瓜洲一水间，钟山只隔数重山。

春风又到江南岸，明月何时照我还？

王安石写完后细细品味，觉得其他还好，只是“春风”一句中“又到”二字有些平淡，缺乏韵味。反复推敲后，不如改为“又过”，觉得春风像他一样只是匆匆过客，转瞬即逝而已，于是，王安石提笔把“到”字改为“过”字。再细细品味，觉得那春风不应是过客，不能展现思归之情，于是改为“入”字，后来又改为“满”字……直到想起了春风所到之处草木皆绿，“绿”字最能体现春天的特色，最后改成“绿”字，读起来动态皆现，形神兼备。这样把春风过处草木萌生、遍地生机盎然的景色呈现出来，这一“绿”字真是画龙点睛之笔。

这首诗是王安石第一次被任命宰相时由江宁到京城赴任的途中，经过扬州南部的瓜洲时因怀念他的第二故乡江宁所作。这首诗的创作被人们大加称赞，成为称赞王安石作诗提炼用字的典型事例。

王安石作诗不仅注意提炼用字，而且特别注意观察生活。在民间流传着王安石与苏东坡的趣事。一日，苏东坡前去拜访身为宰相的王安石。苏东坡正在书房等候时，无意间看到王安石书案上未完成的诗作《咏菊》，该诗后两句为：“西风昨夜过园林，吹落黄花满地金。”苏东坡明白菊花与其他的花不同，凋谢时仍挂在枝头，至死花瓣也不会飘落下来。而王安石的诗作中写道“吹落黄花满地金”，显然与事实不符。苏东坡认为王安石没有仔细观察菊花的生长特性，于是，提笔写下后两句诗：“秋花不比春花落，说与诗人仔细吟。”苏东坡走后，王安石看到他续写的诗，知道他只知其一，而不知其二。第二日，王安石委派苏东坡到黄州任团练副使，并嘱咐他到黄州后要细察。苏东坡不明其意，赴黄州上任后，他在后院种了一些黄菊。深秋过后，他猛然发现黄州的菊花在凋谢时居然全部落瓣，真是满地铺金。苏东坡这才领悟到王安石派他到黄州的用意，觉得十分惭愧。

王安石关心民间疾苦，这与他长期担任地方官有关。他体察民情，许多诗词都反映了当时的社会现实。如《河北民》：

河北民，生近二边长苦辛。

家家养子学耕织，输与官家事夷狄。

今年大旱千里赤，州县仍催给河役。

老小相携来就南，南人丰年自无食。

悲愁白日天地昏，路旁过者无颜色。

汝生不及贞观中，斗粟数钱无兵戎！

这是王安石诗作中较早反映民生疾苦的作品，诗中描绘了百姓的生活现状，仿佛能够听到穷苦百姓的呻吟声。王安石的诗不仅善于说理，针砭时弊，同时还追求立意上的新颖，充满着丰富情感和想象，如《明妃曲》《桃源行》等。

明妃曲

明妃初出汉宫时，泪湿春风鬓脚垂。

低徊顾影无颜色，尚得君王不自持。

归来却怪丹青手，入眼平生几曾有？

意态由来画不成，当时枉杀毛延寿。

一去心知更不归，可怜着尽汉宫衣。

寄声欲问塞南事，只有年年鸿雁飞。

家人万里传消息，好在毡城莫相忆。

君不见咫尺长门闭阿娇，人生失意无南北。

这首诗因其诗意高远新颖，旷超前人，一时间，欧阳修、司马光、曾巩、刘敞等人纷纷称赞。古往今来，关于王昭君的诗作，不是谴责画工毛延寿索贿不成而有意来丑化王昭君的形象，就是同情王昭君在塞外过着孤苦伶仃的生活。而王安石却作“意态由来画不成，当时枉杀毛延寿”，不仅翻了旧案，还展现出昭君的美丽。最后，把汉武帝的阿娇皇后与昭君比较，指出“人生失意无南北”，将伤感的同情化作人生哲理的寻味。该诗无论在用词、意境、韵味、文采等方面，都展现了王安石较高的造诣。

第六章

王氏家风育后人

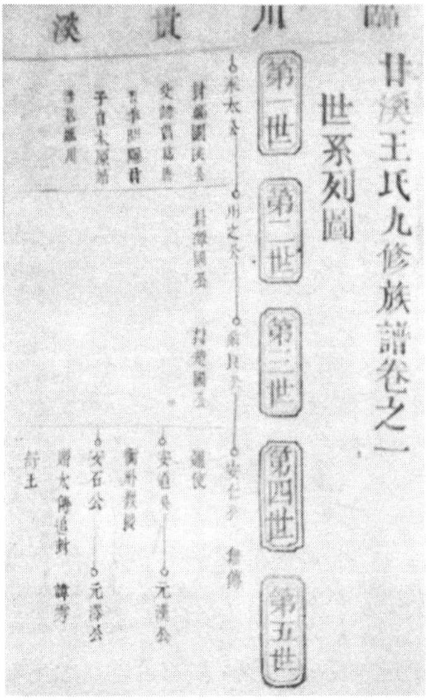

甘溪王氏九修族谱卷之一

第一节　王安石兄弟

王安石的曾祖父王明，是临川县一个家境殷实的农户。曾祖父王明有三个儿子，长子王用之任卫尉寺丞，是王安石的祖父。王用之有五个儿子，即王益、王盛、王盟、王盈、王孟。长子王益是王安石的父亲，在地方任职数十年，为官一方，造福一方，足迹遍及北宋王朝的多个州县。王益娶妻徐氏、吴氏，育有七子，即王安仁、王安道、王安石、王安国、王安世、王安礼、王安上。兄弟七人举进士者四人，即王安仁、王安石、王安国、王安礼。王安仁、王安道是徐氏所生，是王安石同父异母的兄长。王安石与王安国、王安世、王安礼、王安上是吴氏所生，他们是王安石的胞弟。

一、王安仁与王安道

王安仁（1015—1051），字常甫，王益的长子，王安石同父异母长兄。皇祐元年（1049）中进士，皇祐三年（1051）任宣州司户参军，三月后任转运使，复命监江宁府盐院，三个月后因病去世，时年三十七岁。皇祐四年（1052）葬于江宁县牛首山父亲王益的墓旁。王安仁的生平事迹见王安石作《亡兄王常甫墓志铭》。

王安道（1017—1051），字仁甫，王益的第二子，王安石同父异母次兄。王安石在怀念好友李通叔所作《李通叔哀辞》称“从二兄入学为诸生”，可知王安道宝元年间在江宁府学读书。《三公王氏族谱》记载“讳安义，字仁甫，娶邢氏，为人性巧慧，颜色温雅，善属文，精于琴，由大学中官授衡州军司法参军兼衡州州学教授，巡诲诸生，常以礼乐为先云。……夫妇俱葬八都塘陂坪”。但《三公王氏族谱》总传又称“娶刘氏，俱葬七十四都塘陂坪”。因此，王安道夫人的姓氏不明。

因父亲过早离世，王安石的成长多受到长兄王安仁的照顾。王安石对大哥王安仁的感情极深。长兄王安仁去世时，当时王安石任舒州通判，他专程告假赴江宁参加亡兄的丧事。王安仁比安石大六岁，据王安石所作墓志铭记载“先生七岁好学，毅然不苟戏笑，读书二十年”，可知王安仁幼年勤奋好学，读书二十余年，锲而不舍，学问扎实。王安石自幼跟随长兄王安仁，正是在长兄的教育熏陶下慢慢成长起来。宝元二年（1039）父亲去世后，王安石又随兄长王安仁、王安道入学为诸生，相互切磋，交流学习。王安石与二兄早年的追求，深受父亲王益的影响，他们追求行古道，重视时局政治与辞章的艺术之学。王安石兄弟以儒家经学为根基，而不拘泥于章句之学。他们力行力学，广交友朋，在文章、思想、道德等方面都有所成就。他们早期的这些活动对庆历以后的学风、士风、文风产生了极大的影响。王安石为长兄王安仁所作的墓志铭中记载：“当庆历中，天子以书赐州县，大置学。先生学完行高，江淮间州争欲以为师。所留，辄以《诗》《书》《礼》《易》《春秋》授弟子。慕闻来者往往千余里，磨砻淬濯，成就其器，不可胜数。”从中可以看出，庆历年间王安仁在江淮诸州讲学，从学弟子众多。王安石的文章记述了长兄王安仁当年讲学的盛况。

王安仁虽中进士，但不过是下科；虽曾入仕，但不过是下层的小吏；虽学养深厚，但不遇吉时，不得其年。所以王安石作墓志书其才而不遇，传与不传，慨叹万分，痛心不已。王安仁死后，王安石为兄编修文集十五卷，藏于家中。《宋史·艺文志》未收录，已散佚。王安石在墓志中谈论长兄王安仁，“先生之道德蓄于身而施于家，不博见于天下；文章名于世，特以应世之须尔；大志所欲论著，盖未出也”。可知王安仁的文学创作在当时很有名，且以应用、实用类文章为主，这与王安石的文风相似。

王安石曾多次作诗怀念长兄王安仁，如庆历三年（1043）王安石返乡探亲之时，作诗一首《舟还江南阻风有怀伯兄》，诗云：“几时重接汝南评，两桨留连不计程。白浪黏天无限断，玄云垂野少晴明。……”王安石任鄞县知县时作《寄伯兄》，诗云：“身留海上去何时，只看春鸿北向飞。安得先生同一饮，蕨芽香嫩鬻鱼肥。”以朴实无华的语言，展现了亲密的手足之情。皇祐四年（1052）王安石安葬亡兄时作《宣州府君丧过金陵》，诗云：“百年难尽此身悲，眼入春风只涕洟。花发鸟啼皆有思，忍寻棠棣鹡鸰诗。”可见王安石对长兄安仁的感情极为深厚。

二、王安国与王安世

王安国（1028—1075），字平甫，是王安石的同母长弟，王安国排行老四，王安石称他为“四弟”。

王安世（1035—1059），字庆甫，谱名安智，王益的第五子，王安石的胞弟。《三公王氏族谱》总传记载：“庆甫，舜良子，讳安智。生景祐乙亥，卒嘉祐己亥，葬和州历阳县张家庄，娶张氏，葬尽安乡战坪。子元汲，传八世子祥、子若渊，居淮西。”王安世曾任太平州当涂县主簿，娶妻张氏，有一子王访，字元汲。王安世去世较早，关于兄弟交往的记述很少。

王安国自幼聪颖上进，文采超群，在当地十分有名。十二岁时，将其所作诗、铭、论、赋等数十篇作品向人展示，观者大为惊叹。十三岁王安国在登滕王阁时作《题滕王阁》一诗，此诗言尽而意不尽，极富韵味。王安国才思敏捷，诗名远传高丽，使者入朝求诗者络绎不绝。王安国自少名显，不仅受到家庭和父兄的熏陶，而且还与欧阳修、苏轼、梅尧臣、韩绛、曾巩、刘敛、冯京、元绛等名流文士交友有关。在当时他的声望很高，众多文人对他的诗文给予了高度的评价。陈师道《题王平甫帖》有云：“可恨治朝无此老，却嫌晚进不同生。足知落笔千言疾，尚想挥毫一坐倾。”苏轼在《和王斿二首》称：“异时长怪谪仙人，舌有风雷笔有神。”

王安国不仅才华出众，而且还能长期尽孝侍母，广交贤人，这与王氏家风有关。叔祖王贯之为官清正廉洁，孝悌仁厚；父亲王益继承祖训，孝敬父母，为儿孙之表率；其兄王安石的孝行更是闻名于世。王安国继承祖训，恪守孝道。

王氏家族是耕读之家，王安国自幼受到熏陶。他发奋读书，擅长诗文辞赋，然而他不愿仰仗其兄王安石谋取功名，因仕籍纠葛，而多次应试不中。为此，欧阳修在《送王平甫下第》诗中云：“自惭知子不能荐，白首胡为侍从官。”可见，欧阳修对王安国十分赏识，对其落第深感遗憾。熙宁元年（1068），王安国受到韩绛、邵亢举荐，经神宗召试，赐进士及第，任西京国子监教授。

王安石与王安国交往十分密切。《王安石诗集》中保存了大量兄弟二人的赠答诗。自王安国出生至庆历二年（1042）王安石进士及第，是他们成长交往的第一个时期。天圣八年（1030），父亲王益到韶州任殿中丞，王安石随父居韶州。景祐四年（1037）至宝元二年（1039），王益在江宁府任通判并卒于任所。随后，王安石一家寓居江宁，王安石、王安国共入府学。王安国十四岁时，即庆历元年（1041），就已显露出不俗的文学才华，这些正是受家族读书风气的熏陶。

自庆历二年（1042）王安石中举任淮南签判，到皇祐三年（1051）任舒州通判之前，是他们生活交往的第二个阶段。这一时期，王安石经历了许多人生大事，如金榜题名、登科入仕，继而娶妻生子。此后，衣锦还乡，后葬父于江宁。两番上任，两番待阙京师，两番辞谢召试。王安石往返于京师、任所、临川、江宁，这一时期与王安国多有团聚。

自皇祐三年（1051）王安石任舒州通判，至嘉祐八年（1063）母亲吴氏卒于京师，这一时期是王安石与王安国生活交往的第三阶段。这一时期，王安石声名日渐显赫，逐渐成为北宋政坛上的杰出人物；而王安国则羽翼渐丰，交游甚广，脱离了兄长王安石的庇护，逐渐成为北宋文坛上的新秀。

嘉祐八年（1063）至熙宁元年（1068），王安石、王安国兄弟因母亲病丧同归江宁，这是他们共同生活较长的时期，是第四个阶段。王安石《平甫墓志》称："君孝友，养母尽力。丧三年，常在墓侧，出血和墨，书佛经甚众。州上其行义，不报。"王安国谨奉孝道，从这段话中了解到其丧母时的哀思之情，同时也了解到王安国具有较浓的崇佛思想，这与王安石晚年时笃信佛教有许多共同之处。

自熙宁元年至王安国病逝，是他们交往的第五个阶段。王安国于熙宁八年（1075）正月回归故里，当时已处在病中。不久，王安国复官，但不久即病逝。王安石与王安国在熙宁后期，虽然因政治主张不同而产生一些分歧，但兄弟二人仍保持着良好的兄弟之情。

王安石、王安国兄弟之间交往十分密切，然而，王安国的思想和政治主张却与王安石相反。王安国为人正派、淡泊名利，从不趋炎附势，这与其家风有着密切的关系。父亲王益为人耿直，一生宦游各地，勤勤恳恳；兄王安石秉承遗志，廉洁奉公，洁身自好。王安国虽然与王安石的志趣不同，然而均受到王氏家族"耿直率真"风尚的影响。在王安石推行新法实施过程中，王安国与王安石有许多不同的看法，他们时常争论，但从不肯随意附和。有一次，王安国在家中欣赏晏殊的《采桑子》："时光只解催人老，不信多情，长恨离亭，泪滴春衫酒易醒。梧桐昨夜西风急，淡月胧明，好梦频惊，何处高楼雁一声？"王安国品读诗词，发出深沉的感慨，心潮久久不能平静。王安石看到王安国读《采桑子》如痴如醉，打趣地说："晏殊身为重臣，也填词取乐吗？"王安国听到哥哥的话很不乐意，不客气地回敬道："晏殊不过是在高兴的时候，偶尔写一首消遣诗词罢了，难道这与他的志向情趣有关吗？"

王安国在仕途上不得志，曾写下一首《清平乐·留春不住》：

> 留春不住，费尽莺儿语。满地残红宫锦污，昨夜南园风雨。　　小怜初上琵琶，晓来思绕天涯。不肯画堂朱户，春风自在杨花。

王安国在词中借小怜歌女，抒发自己的志趣。他轻视世间的荣华富贵，追求自由自在的生活，这与王安石晚年归隐田园的心态相似。

王安国自年少以文学天才而闻名遐迩，然而接二连三的科考失意，使他少年锐气逐渐消解。步入中年后，虽因举荐受到神宗的提拔，然而又因与王安石的政治思想和主张不和而郁郁寡欢。他被放逐田野，虽不是王安石的本意，但不得志的仕宦生活，使其闲居田园。王安石对王安国之死负有一定的责任，从王安石的诗文中可以看出王安石深感歉意与遗憾。

三、王安礼与王安上

王安礼（1035—1096），字和甫，王安石同母四弟，北宋政治家、诗人，官至尚书左丞。临川地区文人辈出，王安礼与王安国、王雱（王安石之子）文学才能杰出，世称"临川三王"。

王安上（1037—1103），字纯甫，王安石的幼弟。《金陵新志》载："安上，字纯甫，由太子右赞善大夫、三司度支判官召对，有提点刑狱之命。历知和、湖二州，管勾江宁府崇禧观。"熙宁八年（1075）为右赞善大夫，权发遣度支判官，权三司使。晚年，管勾江宁府崇禧观。王安上在文学创作上具有一定的成就。王安石对王安上的文章极其称赞，《寄阙下诸父兄兼示平甫兄弟》诗文“父兄为学众人知，小弟文章亦自奇”。王安石的集子中有许多与弟王安上相互唱和的诗。但总体来看，王安上的文学成就远不及其兄王安石、王安国、王安礼，后世流传的作品很少。《宋史》无传，也未见墓志碑文，其生平事迹散见于诸文献。

王安礼于嘉祐六年（1061）中进士，初入幕河东路唐介门下。熙宁三年（1070），西夏侵犯边境，河东宣抚使韩绛调集四万百姓防守。王安礼坚决反对，认为“民不习武事，今驱之上阵，纵不为敌所败，亦会冻饿而死，应该停止征用”。吕公弼采纳了他的意见，改调遣精兵迎敌，使四万百姓免于难。吕公弼非常感谢王安礼的谋策，将此事上奏于朝廷。神宗皇帝得知，授为崇文院校书，后任润州、湖州知州，开封府判官，同修《起居注》，任知制诰。

王安礼以翰林学士身份任开封知府时，善于断案，执法严明。他深入剖析案情，不畏权势，明察暗访，任职不到三个月就将所有积案全部审查清楚。神宗皇帝听说后，赞赏“安礼能勤吏事，骇动殊邻，于古无愧矣”，为此官升一级，以资奖励。据说王安礼断案如神，宋神宗将一些图谋不轨的匿名信交给王安礼去办。王安礼对照这些信，发现所指内容大致相同，而只有最后一封信上加了三个人，其中一人姓薛。看到这里，王安礼笑道：“我清楚了。”于是，王安礼召见姓薛的人问道：“难道有人对你不满吗？”那人答道：“有人拿笔要我写，我拒绝了。他很不高兴，怀恨在心地走了。”王安礼立即下令逮捕了此人，经审讯发现果然是此人写的匿名信。于是，王安礼将其斩首示众，而没有抓被告发的人。此事之后，京城人皆称王安礼断案有方。

元丰四年（1081），王安礼拜尚书右丞，迁左丞相，参与执政议事。元丰七年（1084），因多次谏阻神宗派兵攻打西夏，被御史张汝贤弹劾，贬为端明殿学士知江宁府。元祐年间，加授资政院学士，历任扬州、青州、蔡州、舒州等知州。绍圣二年（1095）任太原知府，后卒于任所，追授魏国公。王安礼以诗文见长，他的诗文旷达超迈，寄情高远，楼钥称其“踔厉骏发，卒归于道”。著有《王魏公集》二十卷。《王魏公集》是王安礼的诗文集，收录有诗、词、诏、制、诰、表、状、疏、青词等。诗词内容多为寄赠咏怀、酬答友人，也有一些反映现实、感怀民间疾苦的诗文。诏、制、诰等内容多涉及国家大事、日常生活等方面。上呈的表、状、书启、札子等多为答谢皇恩以及辞任官职等内容。功德疏、青词、祝文、祭文等，多是在祭祀活动中所做的杂文。王安礼为官近三十年，《王魏公集》展现了王安礼一生的经历，包括读书为官、朋友交往、日常生活等各方面的活动。

第二节　王氏后人

一、王安石长子王雱

王雱，字元泽，王安石长子，生于庆历四年（1044），卒于熙宁九年（1076），时年三十三岁。

王雱自幼聪明过人，颇有见识。年幼时，有一客人指着关在同一笼子里的獐和鹿，问他："何者是獐？何者为鹿？"王雱虽不认识，但很机智地回答："獐边者是鹿，鹿边者是獐。"这让客人大为惊讶。十三岁那年，当他听到人们议论青海藩部问题时，不由感叹道："此可抚而有也。使西夏而得之，则吾敌强而边患博矣。"青海各藩部，北与西夏接壤，东与宋朝相邻，西夏对这一带早已虎视眈眈。若一旦据为己有，势必给北宋带来祸害。争夺青海各藩部，成为宋夏战争胜败的关键。年仅十三岁的少年却能洞察国家大事，足见王雱少年老成。

王雱二十岁之前已著书万言，可见他才华横溢。治平四年（1067），二十四岁的王雱中进士，朝廷任命他为宣州旌德尉，王雱拒绝赴任，《宋史·王雱传》中记载："雱气豪，睥睨一世，不能作小官。"的确如此，王雱胸怀大志，以天下为己任。熙宁元年（1068），宋神宗刚刚登上皇位，面对北宋王朝财政的空虚和军备的薄弱，决定改革，以图振兴。他任命力推改革的王安石由江宁知府升为翰林学士兼侍讲，准备实施改革。而仍留在京城未去赴任的王雱，也随父王安石一同投入变法。

从治平四年（1067）到熙宁三年（1070），短短四年间，王雱作策论三十篇，研论天下事。通过策论分析时局、针砭时弊、提出对策、抒发政治见解，在士大夫中引发热议。他还著书立说，著《老子训传》《南华真经新传》《佛经义解》《孟子注》《庄子注》等经典著作。

王雱的才华和见解，不仅在学界和士大夫阶层掀起了波澜，还引起宋神宗的关注，神宗还将其视为智囊，对其十分信赖。熙宁四年（1071）八月，神宗皇帝召见王雱，君臣二人详谈后，神宗皇帝封其为太子中允、崇政殿说书。王雱从一个未赴任的县尉官，擢升至太子中允、崇政殿说书，可见神宗皇帝对他的赏识。处理政务时，神宗皇帝经常把王雱单独留下，交流思想，商讨国事。神宗还命王雱撰写《诗义》《书义》等著作，加强思想宣传，为推行改革作铺垫。

王雱在变法中身负重任，久任御前。一次，王安石在家中与支持变法人士谈论新法的实施，他们因改革遇阻极为担忧。王雱披发赤足从屋里走出，并怒喊道："砍韩琦、富弼头于市，则新法可实行矣。"王安石马上说："孩儿说得不对。父亲讨论国家大事，孩儿不应干预。"王雱这才快怏不乐地离去。王雱虽年少轻狂，但在父亲王安石的变法中扮演着十分重要的角色。从变法方案的宏观构想，到具体事务的谋划处理，都有他的参与和谋策。王雱还参与《三经新义》的撰述、修订与颁行，其功劳甚高。由于他年轻气盛，为人果敢，无所顾忌，成为推行新法实施的激进人物，因此还遭到了强烈的人身攻击。

从见识及谋略来看，王雱具有年轻政治家的风采；从著述成果来看，他又是一位著述颇丰、思想学术成就甚高的学者。王雱的一生较为短暂，但其在经学、哲学、政治等方面具有突出的贡献。在文学方面，由于流传至今的文学作品数量较少，难以跻身文学大家行列。因积极参与变法，王雱遭到北宋朝臣及后世的攻击与谩骂，对文学作品的流传也产生了一定的影响。王安石十分喜爱王雱，王雱不幸早逝，给王安石的精神造成了极大的伤害，晚年居住江宁，王安石曾写了许多诗词表达对儿子的怀念之情。

二、王安石次子王旁

由于后世对王旁知之甚少，且“雱”“旁”二字读音、字形相似，所以后世在传抄刻写时误将“王旁”抄作“王雱”，误以为王雱和王旁是同一人。梁启超先生著《王荆公》一书，其《荆公之家庭》称“公子二：曰雱，曰旁。惟公集有题旁诗一首，亦可征其早慧。”说明王安石有两个儿子，即王雱和王旁。王旁善于作诗，王安石《题旁诗》称“旁喜作诗，如此诗甚工也”。但王旁流传于世的诗作甚少。《全宋诗》中误将王旁、王雱混为一人，将诗词“杜家园上好花时，尚有梅花三两枝。日暮欲归岩下宿，为贪香雪故来迟”列入王雱的名下。

三、王氏后裔

王安石是上池村王氏四世祖，现今后裔是王安石四弟王安国的后代。王安石故里位于江西东乡，始建于北宋，迄今有近千年的历史。北宋初年，王安石曾祖父迁徙上池辟居，乃上池王氏一世祖。现今的上池村有一百多户，除一两家是外姓外，其余均是王氏一脉。上池王氏家族兴盛于两宋，绵延于明清，影响至今，形成了独具特色的荆公文化，教育一代又一代的王氏后人。明朝首辅杨士奇曾称赞王安石的故里上池："驯至今日，名贤杰士，代不乏人，有国者，为公族；有爵者，为宦族；传世久者，为世族；上池王氏始于祖晋，在周者公族也，介甫公兄弟，在宋则宦族也。且上下千年有正传，灿若日星，在今则宦祖也，尤世族也。"

王安石儿子王雱无子嗣，族人之子王棣过继于他。王安石孙王棣，字仪仲，号开德，南宋时期任开德府路经略安抚使。建炎三年（1129），南宋遭金人围攻，王棣抗金阵亡，成为南宋著名的抗金英雄。王棣有二子，长子王珏，次子王宝。王安石曾孙王珏，自幼善学，任右朝散大夫、提举两浙西路常平茶盐公事，为荆国公编纂《临川集》，收录诗文一百卷，后传于世。王珏娶妻谢氏，封仙游县君，育有三子，即节公、荃公、范公。王珏教子言"人不可不择里而居，如一人择一地，一地禀一秀，族自盛大"，其子谨遵父命，长子节公、次子荃公均各自选胜。范公生有三子：干公、杜公、枝公。干公王安石六世孙，生有八子：坤、师、泰、复、咸、恒、革、鼎。绍兴庚辰年间（1160），王安石七世孙王革（封宁国公）创"舒王祠"。宋进士杜育德撰"舒王祠记"载"公罢相居江宁，弃圆屋为僧寺，四传孙珏徙今之贵溪有言矣，贵溪之后厥四世有曰革者特奏名也，革以先承公荫义，不可以无祀倡族而为之祠，题其门曰赠舒王祠昭”。六子恒公，通晓地理，排行十二，世称“十二地仙”。恒公生有四子：友孝、友弟、友忠、友信。八世孙友信公，讳惟实行五世，称“五居士”，生有三子：一郎、二郎、五郎。九世孙五郎公名光，聪慧过人，喜爱读书，教授弟子众多，其中不乏知名人士。五郎公生有三子：琰公、瑜公、璠公。璠公生有六子：积义、积圣、积和、积顺、积英、积华。十一世孙积义公生子淑公，淑公子仁煜公，字天育，明经博学，世称“高隐学士”，乃十三世孙。十六世孙伯润公，字庐，号南迁行尚人。明代兵部尚书谭纶撰《万历癸酉叙》记王氏谱传。伯润公生有四子：克庸公、克敏公、克宣公、克城公。十七世孙克庸公生有五子，其四子恒真公生三子，即显春公、显英公、显杰公。显英公有二子：拱招公、拱达公。长子拱招公有三子，其子廷郭公生有二子：樽公、祖公。祖公子朝敏公，朝敏公次子应龙生时振公，时振公生启福公。启福公生有五子：四子估钟公有四子；次子维河公生有五子；三子宜梓公生有四子；长子太织公有五子；第五子原坷生在民国三十五年（1946）编纂《王氏九修族谱》，其有四子，次子王才生，乃王安石三十二世孙，为《王氏九修族谱》校对，现存《王氏九修族谱》一部五册。

《王氏九修族谱》记载了荆公王氏家世，现存二百余篇，乃稀世之墨，分为传记序、墓志铭、神道碑、王氏家规等。传记序记载了王氏家族的人物生平。墓志铭记载了王氏家族有功之士，王氏家族规定“凡有功者铭书之”，死后在墓前刻祭文立碑，以示悼念，现存墓志铭达三十多篇。

神道碑是立在墓道前的石碑，记载王氏家族上层官员一生的经历和贡献，现存王氏家族神道碑十余篇。王氏家规记载了荆公王氏家规戒律，王安石倡导“治国优于治身”“以其治家严整，事事可为子弟法斗”，教育子孙后代正身、齐家、创业、敬祖、尊老。《王氏九修族谱》翔实地记载了荆公王氏家族的丰功伟业。“长江后浪推前浪，一代更比一代强”，荆公后辈得益于荆公家训的教诲，受益于厚重文化底蕴的熏陶，他们承载着先贤的期望和嘱托……

附录一：三公王氏族谱（部分）

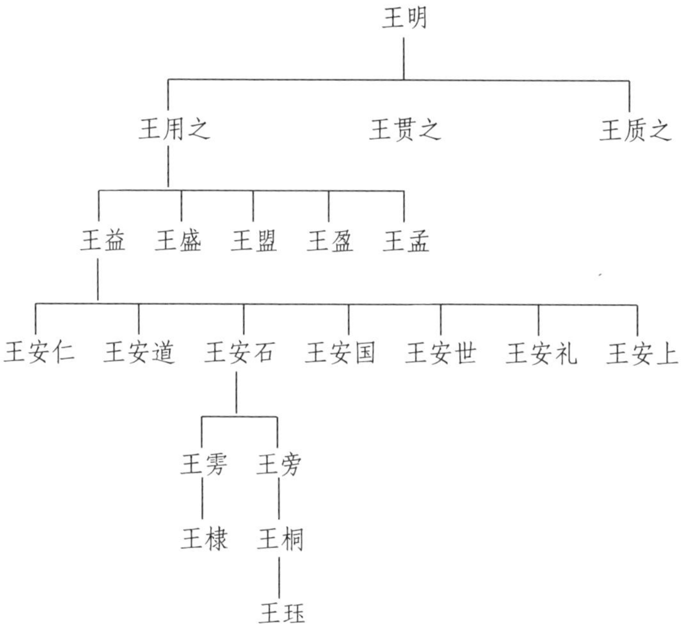

附录二：王安石年谱

宋真宗天禧五年辛酉（1021）　一岁

是年出生于临江（今江西樟树）。

仁宗天圣八年庚午（1030）　十岁

王益以殿中丞知韶州（今广东韶关），王安石随父至韶州。

景祐三年丙子（1036）　十六岁

王益三年守孝服满赴京，王安石随行。

景祐四年丁丑（1037）　十七岁

王益任江宁府（今江苏南京）通判，王安石随行。

宝元二年己卯（1039）　十九岁

王益卒于江宁府任上。

庆历二年壬午（1042）　二十二岁

王安石登杨寘榜进士第四名，授淮南签判。

庆历七年丁亥（1047）　二十七岁

自临川赴京，不求馆职，改大理评事，知鄞县。

皇祐三年辛卯（1051）　三十一岁

任舒州通判（今安徽潜山一带），加殿中丞。

皇祐五年癸巳（1053）　三十三岁

王安石回临川（今江西抚州）为祖母奔丧。

至和元年甲午（1054）　三十四岁

自舒州赴京，特授集贤校理，辞不受。九月，除群牧司判官。

嘉祐二年丁酉（1057）　三十七岁

改太常博士，知常州。

嘉祐三年戊戌（1058）　三十八岁

授提点江南东路刑狱。十月回京，任三司度支判官。

嘉祐六年辛丑（1061）　四十一岁

除三司度支判官，任直集贤院。

嘉祐八年癸卯（1063）　四十三岁

仁宗卒，英宗（赵曙）立。八月，母吴氏卒于京师，十月归葬江宁。

治平四年丁未（1067）　四十七岁

英宗卒，神宗（赵顼）立。诏以故官知江宁府。

神宗熙宁元年戊申（1068）　四十八岁

召为翰林学士。

熙宁二年己酉（1069）　四十九岁

以右谏议大夫参知政事。颁行均输法、青苗法、农田水利法等。

熙宁三年庚戌（1070）　五十岁

十月，拜同中书门下平章事、史馆大学士，与韩绛并相，立保甲法。

熙宁五年壬子（1072）　五十二岁

行市易法、保马法。

熙宁六年癸丑（1073）　五十三岁

提举经义局。九月，熙河大捷，神宗解身上玉带赐之。

熙宁七年甲寅（1074）　五十四岁

以观文殿大学士出知江宁府。

熙宁八年乙卯（1075）　五十五岁

复拜同平章事、昭文馆大学士。以《经义》成，进加左仆射兼门下侍郎。

熙宁九年丙辰（1076）　五十六岁

子雱卒。以使相再镇金陵，罢平章事，后改右仆射，任会灵观使。

元丰元年戊午（1078）　五十八岁

进尚书左仆射，封舒国公。

元丰三年庚申（1080）　六十岁

加特进尚书左仆射、门下侍郎，改封荆国公。

元丰七年甲子（1084）　六十四岁

乞以宅为寺，赐名“报宁”。

元丰八年乙丑（1085）　六十五岁

神宗卒，哲宗（赵煦）即位。新法先后废罢。

哲宗元祐元年丙寅（1086）　六十六岁

病逝，赠太傅。

附录三：王安石上皇帝万言书

臣愚不肖，蒙恩备使一路，今又蒙恩召还阙廷，有所任属，而当以使事归报陛下。不自知其无以称职，而敢缘使事之所及，冒言天下之事，伏惟陛下详思而择其中，幸甚。

臣窃观陛下有恭俭之德，有聪明睿智之才，夙兴夜寐，无一日之懈，声色狗马，观游玩好之事，无纤介之蔽，而仁民爱物之意，孚于天下，而又公选天下之所愿以为辅相者，属之以事，而不贰于谗邪倾巧之臣，此虽二帝、三王之用心，不过如此而已，宜其家给人足，天下大治。而效不至于此，顾内则不能无以社稷为忧，外则不能无惧于夷狄，天下之财力日以困穷，而风俗日以衰坏，四方有志之士，諰諰然常恐天下之久不安。此其故何也？患在不知法度故也。

今朝廷法严令具，无所不有，而臣以谓无法度者，何哉？方今之法度，多不合乎先王之政故也。孟子曰："有仁心仁闻，而泽不加于百姓者，为政不法于先王之道故也。"以孟子之说，观方今之失，正在于此而已。

夫以今之世，去先王之世远，所遭之变，所遇之势不一，而欲一二修先王之政，虽甚愚者，犹知其难也。然臣以谓今之失，患在不法先王之政者，以谓当法其意而已。夫二帝、三王，相去盖千有余载，一治一乱，其盛衰之时具矣。其所遭之变，所遇之势，亦各不同，其施设之方亦皆殊，而其为天下国家之意，本末先后，未尝不同也。臣故曰：当法其意而已。法其意，则吾所改易更革，不至乎倾骇天下之耳目，嚣天下之口，而固已合乎先王之政矣。

虽然，以方今之势揆之，陛下虽欲改易更革天下之事，合于先王之意，其势必不能也。陛下有恭俭之德，有聪明睿智之才，有仁民爱物之意，诚加之意，则何为而不成，何欲而不得？然而臣顾以谓陛下虽欲改易更革天下之事，合于先王之意，其势必不能者，何也？以方今天下之才不足故也。

臣尝试窃观天下在位之人，未有乏于此时者也。夫人才乏于上，则有沉废伏匿在下，而不为当时所知者矣。臣又求之于闾巷草野之间，而亦未见其多焉。岂非陶冶而成之者非其道而然乎？臣以谓方今在位之人才不足者，以臣使事之所及，则可知矣。今以一路数千里之间，能推行朝廷之法令，知其所缓急，而一切能使民以修其职事者甚少，而不才苟简贪鄙之人，至不可胜数。其能讲先王之意以合当时之变者，盖阖郡之间，往往而绝也。朝廷每一令下，其意虽善，在位者犹不能推行，使膏泽加于民，而吏辄缘之为奸，以扰百姓。臣故曰：在位之人才不足，而草野闾巷之间，亦未见其多也。夫人才不足，则陛下虽欲改易更革天下之事，以合先王之意，大臣虽有能当陛下之意而欲领此者，九州之大，四海之远，孰能称陛下之旨，以一二推行此，而人人蒙其施者乎？臣故曰：其势必未能也。孟子曰：“徒法不能以自行。”非此之谓乎？然则方今之急，在于人才而已。诚能使天下人才众多，然后在位之才可以择其人而取足焉。在位者得其才矣，然后稍视时势之可否，而因人情之患苦，变更天下之弊法，以趋先王之意，甚易也。今之天下，亦先王之天下，先王之时，人才尝众矣，何至于今而独不足乎？故曰：陶冶而成之者，非其道故也。

商之时，天下尝大乱矣。在位贪毒祸败，皆非其人，及文王之起，而天下之才尝少矣。当是时，文王能陶冶天下之士，而使之皆有士君子之才，然后随其才之所有而官使之。《诗》曰："岂弟君子，遐不作人。"此之谓也。及其成也，微贱兔罝之人，犹莫不好德，《兔罝》之诗是也。又况于在位之人乎？夫文王惟能如此，故以征则服，以守则治。《诗》曰："奉璋峨峨，髦士攸宜。"又曰："周王于迈，六师及之。"言文王所用，文武各得其才，而无废事也。及至夷、厉之乱，天下之才，又尝少矣。至宣王之起，所与图天下之事者，仲山甫而已。故诗人叹之曰："德輶如毛，维仲山甫举之，爱莫助之。"盖闵人才之少，而山甫之无助也。宣王能用仲山甫，推其类以新美天下之士，而后人才复众。于是内修政事，外讨不庭，而复有文、武之境土。故诗人美之曰："薄言采芑，于彼新田，于此菑亩。"言宣王能新美天下之士，使之有可用之才，如农夫新美其田，而使之有可采之芑也。由此观之，人之才，未尝不自人主陶冶而成之者也。

所谓陶冶而成之者何也？亦教之、养之、取之、任之有其道而已。

所谓教之之道何也？古者天子诸侯，自国至于乡党皆有学，博置教道之官而严其选。朝廷礼乐、刑政之事，皆在于学。学士所观而习者，皆先王之法言德行治天下之意，其材亦可以为天下国家之用。苟不可以为天下国家之用，则不教也。苟可以为天下国家之用者，则无不在于学。此教之之道也。

所谓养之之道何也？饶之以财，约之以礼，裁之以法也。何谓饶之以财？人之情，不足于财，则贪鄙苟得，无所不至。先王知其如此，故其制禄，自庶人之在官者，其禄已足以代其耕矣。由此等而上之，每有加焉，使其足以养廉耻，而离于贪鄙之行。犹以为未也，又推其禄以及其子孙，谓之世禄。使其生也，既于父子、兄弟、妻子之养，婚姻、朋友之接，皆无憾矣；其死也，又于子孙无不足之忧焉。何谓约之以礼？人情足于财而无礼以节之，则又放僻邪侈，无所不至。先王知其如此，故为之制度。婚丧、祭养、燕享之事，服食、器用之物，皆以命数为之节，而齐之以律度量衡之法。其命可以为之，而财不足以具，则弗具也；其财可以具，而命不得为之者，不使有铢两分寸之加焉。何谓裁之以法？先王于天下之士，教之以道艺矣，不帅教则待之以屏弃远方终身不齿之法。约之以礼也，不循礼则待之以流、杀之法。《王制》曰："变衣服者，其君流。"《酒诰》曰："厥或诰曰：'群饮，汝勿佚。尽拘执以归于周，予其杀。'"夫群饮、变衣服，小罪也；流、杀，大刑也。加小罪以大刑，先王所以忍而不疑者，以为不如是，不足以一天下之俗而成吾治。夫约之以礼，裁之以法，天下所以服从无抵冒者，又非独其禁严而治察之所能致也。盖亦以吾至诚恳恻之心，力行而为之倡。凡在左右通贵之人，皆顺上之欲而服行之，有一不帅者，法之加必自此始。夫上以至诚行之，而贵者知避上之所恶矣，则天下之不罚而止者众矣。故曰：此养之之道也。

所谓取之之道者，何也？先王之取人也，必于乡党，必于庠序，使众人推其所谓贤能，出之以告于上而察之。诚贤能也，然后随其德之大小、才之高下而官使之。所谓察之者，非专用耳目之聪明，而私听于一人之口也。欲审知其德，问以行；欲审知其才，问以言。得其言行，则试之以事。所谓察之者，试之以事是也。虽尧之用舜，亦不过如此而已，又况其下乎？若夫九州之大，四海之远，万官亿丑之贱，所须士大夫之才则众矣，有天下者，又不可以一二自察之也，又不可以偏属于一人，而使之于一日二日之间考试其行能而进退之也。盖吾已能察其才行之大者，以为大官矣，因使之取其类以持久试之，而考其能者以告于上，而后以爵命、禄秩予之而已。此取之之道也。

所谓任之之道者，何也？人之才德，高下厚薄不同，其所任有宜有不宜。先王知其如此，故知农者以为后稷，知工者以为共工。其德厚而才高者以为之长，德薄而才下者以为之佐属。又以久于其职，则上狃习而知其事，下服驯而安其教，贤者则其功可以至于成，不肖者则其罪可以至于著，故久其任而待之以考绩之法。夫如此，故智能才力之士，则得尽其智以赴功，而不患其事之不终，其功之不就也。偷惰苟且之人，虽欲取容于一时，而顾僇辱在其后，安敢不勉乎！若夫无能之人，固知辞避而去矣。居职任事之日久，不胜任之罪，不可以幸而免故也。彼且不敢冒而知辞避矣，尚何有比周、谗谄、争进之人乎？取之既已详，使之既已当，处之既已久，至其任之也又专焉，而不一二以法束缚之，而使之得行其意，尧、舜之所以理百官而熙众工者，以此而已。《书》曰："三载考绩，三考，黜陟幽明。"此之谓也。然尧、舜之时，其所黜者则闻之矣，盖四凶是也。其所陟者，则皋陶、稷、契皆终身一官而不徙。盖其所谓陟者，特加之爵命、禄赐而已耳。此任之之道也。

夫教之、养之、取之、任之之道如此，而当时人君，又能与其大臣，悉其耳目心力，至诚恻怛，思念而行之，此其人臣之所以无疑，而于天下国家之事，无所欲为而不得也。

方今州县虽有学，取墙壁具而已，非有教导之官，长育人才之事也。唯太学有教导之官，而亦未尝严其选。朝廷礼乐刑政之事，未尝在于学。学者亦漠然自以礼乐刑政为有司之事，而非己所当知也。学者之所教，讲说章句而已。讲说章句，固非古者教人之道也。而近岁乃始教之以课试之文章。夫课试之文章，非博诵强学穷日之力则不能。及其能工也，大则不足以用天下国家，小则不足以为天下国家之用。故虽白首于庠序，穷日之力以帅上之教，及使之从政，则茫然不知其方者，皆是也。盖今之教者，非特不能成人之才而已，又从而困苦毁坏之，使不得成才者，何也？夫人之才，成于专而毁于杂。故先王之处民才，处工于官府，处农于畎亩，处商贾于肆，而处士于庠序，使各专其业而不见异物，惧异物之足以害其业也。所谓士者，又非特使之不得见异物而已，一示之以先王之道，而百家诸子之异说，皆屏之而莫敢习者焉。今士之所宜学者，天下国家之用也。今悉使置之不教，而教之以课试之文章，使其耗精疲神，穷日之力以从事于此。及其任之以官也，则又悉使置之，而责之以天下国家之事。夫古之人，以朝夕专其业于天下国家之事，而犹才有能有不能，今乃移其精神，夺其日力，以朝夕从事于无补之学，及其任之以事，然后卒然责之以为天下国家之用，宜其才之足以有为者少矣。臣故曰：非特不能成人之才，又从而困苦毁坏之，使不得成才也。又有甚害者，先王之时，士之所学者，文武之道也。士之才，有可以为公卿大夫，有可以为士。其才之大小、宜不宜则有矣，至于武事，则随其才之大小，未有不学者也。故其大者，居则为六官之卿，出则为六军之将也；其次则比、闾、族、党之师，亦皆卒、两、师、旅之帅也。故边疆、宿卫，皆得士大夫为之，而小人不得奸其任。今之学者，以为文武异事，吾知治文事而已，至于边疆、宿卫之任，则推而属之于卒伍，往往天下奸悍无赖之人。苟其才行足以自托于乡里者，未有肯去亲戚而从召募者也。边疆、宿卫，此乃天下之重任，而人主之所当慎重者也。故古者教士，以射、御为急，其他伎能，则视其人才之所宜，而后教之，其才之所不能，则不强也。至于射，则为男子之事。苟人之生，有疾则已，苟无疾，未有去射而不学者也。在庠序之间，固常从事于射也。有宾客之事则以射，有祭祀之事则以射，别士之行同能偶则以射，于礼乐之事，未尝不寓以射，而射亦未尝不在于礼乐、祭祀之间也。《易》曰："弧矢之利，以威天下。"先王岂以射为可以习揖让之仪而已乎？固以为射者武事之尤大，而威天下、守国家之具也。居则以是习礼乐，出则以是从战伐。士既朝夕从事于此而能者众，则边疆、宿卫之任，皆可以择而取也。夫士尝学先王之道，其行义尝见推于乡党矣，然后因其才而托之以边疆、宿卫之士，此古之人君，所以推干戈以属之人，而无内外之虞也。今乃以夫天下之重任，人主所当至慎之选，推而属之奸悍无赖，才行不足自托于乡里之人，此方今所以諰諰然常抱边疆之忧，而虞宿卫之不足恃以为安也。今孰不知边疆、宿卫之士不足恃以为安哉？顾以为天下学士以执兵为耻，而亦未有能骑射行阵之事者，则非召募之卒伍，孰能任其事者乎？夫不严其教，高其选，则士之以执兵为耻，而未尝有能骑射行阵之事，固其理也。凡此皆教之非其道也。

方今制禄，大抵皆薄。自非朝廷侍从之列，食口稍众，未有不兼农商之利而能充其养者也。其下州县之吏，一月所得，多者钱八九千，少者四五千，以守选、待除、守阙通之，盖六七年而后得三年之禄，计一月所得，乃实不能四五千，少者乃实不能及三四千而已。虽厮养之给，亦窘于此矣，而其养生、丧死、婚姻、葬送之事，皆当出于此。夫出中人之上者，虽穷而失为君子；出中人以下者，虽泰而不失为小人。唯中人不然，穷则为小人，泰则为君子。计天下之士，出中人之上下者，千百而无十一，穷而为小人，泰而为君子者，则天下皆是也。先王以为众不可以力胜也，故制行不以已，而以中人为制，所以因其欲而利道之，以为中人之所能守，则其志可以行乎天下，而推之后世。以今之制禄，而欲士之无毁廉耻，盖中人之所不能也。故今官大者，往往交赂遗、营赀产，以负贪污之毁；官小者，贩鬻、乞丐、无所不为。夫士已尝毁廉耻以负累于世矣，则其偷堕取容之意起，而矜奋自强之心息，则职业安得而不弛，治道何从而兴乎？又况委法受赂，侵牟百姓者，往往而是也。此所谓不能饶之以财也。

婚丧、奉养、服食、器用之物，皆无制度以为之节，而天下以奢为荣，以俭为耻。苟其财之可以具，则无所为而不得，有司既不禁，而人又以此为荣。苟其财不足，而不能自称于流俗，则其婚丧之际，往往得罪于族人婚姻，而人以为耻矣。故富者贪而不知止，贫者则强勉其不足以追之。此士之所以重困，而廉耻之心毁也。凡此所谓不能约之以礼也。

方今陛下躬行俭约，以率天下，此左右通贵之臣所亲见。然而其闺门之内，奢靡无节，犯上之所恶，以伤天下之教者，有已甚者矣。未闻朝廷有所放绌，以示天下。昔周之人，拘群饮而被之以杀刑者，以为酒之末流生害，有至于死者众矣，故重禁其祸之所自生。重禁祸之所自生，故其施刑极省，而人之抵于祸败者少矣。今朝廷之法所尤重者，独贪吏耳。重禁贪吏，而轻奢靡之法，此所谓禁其末而弛其本。然而世之识者，以为方今官冗，而县官财用已不足以供之，其亦蔽于理矣。今之入官诚冗矣，然而前世置员盖其少，而赋禄又如此之薄，则财用之所不足，盖亦有说矣。吏禄岂足计哉？臣于财利，固未尝学，然窃观前世治财之大略矣。盖因天下之力，以生天下之财，取天下之财，以供天下之费。自古治世，未尝以不足为天下之公患也。患在治财无其道耳。今天下不见兵革之具，而元元安土乐业，人致其力，以生天下之财，然而公私尝以困穷为患者，殆亦理财未得其道，而有司不能度世之宜而通其变耳。诚能理财以其道，而通其变，臣虽愚，固知增吏禄不足以伤经费也。方今法严令具，所以罗天下之士，可主谓密矣。然而亦尝教之以道艺，而有不帅教之刑以待之乎？亦尝约之以制度，而有不循理之刑以待之乎？亦尝任之以职事，而有不任事之刑以待之乎？夫不先教之以道艺，诚不可以诛其不帅教；不先约之以制度，诚不可以诛其不循理；不先任之以职事，诚不可以诛其不任事。此三者，先王之法所先急也，今皆不可得诛，而薄物细故，非害治之急者，为之法禁，月异而岁不同，为吏者至于不可胜记，又况能一二避之而无犯者乎？此法令所以滋而不行，小人有幸而免者，君子有不幸而及者焉。此所谓不能裁之以刑也。凡此皆治之非其道也。

方今取士，强记博诵而略通于文辞，谓之茂才异等、贤良方正。茂才异等、贤良方正者，公卿之选也。记不必强，诵不必博，略通于文辞，而又尝学诗赋，则谓之进士。进士之高者，亦公卿之选也。夫此二科所得之技能，不足以为公卿，不待论而后可知。而世之议者，乃以为吾常以此取天下之士，而才之可以为公卿者，常出于此，不必法古之取人然后得士也。其亦蔽于理矣。先王之时，尽所以取人之道，犹惧贤者之难进，而不肖者之杂于其间也。今悉废先王所以取士之道，而驱天下之才士，悉使为贤良、进士，则士之才可以为公卿者，固宜为贤良、进士，而贤良、进士亦固宜有时而得才之可以为公卿者也。然而不肖者，苟能雕虫篆刻之学，以此进至乎公卿，才之可以为公卿者，困于无补之学，而以此绌死于岩野，盖十八九矣。夫古之人有天下者，其所慎择者，公卿而已。公卿既得其人，因使推其类以聚于朝迁，则百司庶府，无不得其人也。今使不肖之人，幸而至乎公卿，因得推其类聚之朝廷，此朝廷所以多不肖之人，而虽有贤智，往往困于无助，不得行其意也。且公卿之不肖，既推其类以聚于朝廷，朝廷之不肖，又推其类以备四方之任使；四方之任使者，又各推其不肖以布于州郡。则虽有同罪举官之科，岂足恃哉？适足以为不肖者之资而已。其次九经、五经、学究、明法之科，朝廷固已尝患其无用于世，而稍责之以大义矣。然大义之所得，未有以贤于故也。今朝廷又开明经之选，以进经术之士。然明经之所取，亦记诵而略通于文辞者，则得之矣。彼通先王之意，而可以施于天下国家之用者，顾未必得与于此选也。其次则恩泽子弟，庠序不教之以道艺，官司不考问其才能，父兄不保任其行义，而朝廷辄以官予之，而任之以事。武王数纣之罪，则曰："官人以世。"夫官人以世，而不计其才行，此乃纣之所以乱亡之道，而治世之所无也。又其次曰流外。朝廷固已挤之于廉耻之外，而限其进之路矣，顾属之以州县之事，使之临士民之上。岂所谓以贤治不肖者乎？以臣使事之所及，一路数千里之间，州县之吏，出于流外者，往往而有，可属任以事者，殆无二三，而当防闲其奸者，皆是也。盖古者有贤不肖之分，而无流品之别。故孔子之圣，而尝为季氏吏，盖虽为吏，而亦不害其为公卿。及后世有流品之别，则凡在流外者，其所成立，固尝自置于廉耻之外，而无高人之意矣。夫以近世风俗之流靡，自虽士大夫之才，势足以进取，而朝廷尝奖之以礼义者，晚节末路，往往怵而为奸，况又其素所成立，无高人之意，而朝廷固已挤之于廉耻之外，限其进取者乎？其临人亲职，放僻邪侈，固其理也。至于边疆、宿卫之选，则臣固已言其失矣。凡此皆取之非其道也。

方今取之既不以其道，至于任人，又不问其德之所宜，而问其出身之后先，不论其才之称否，而论其历任之多少。以文学进者，且使之治财。已使之治财矣，又转而使之典狱。已使之典狱矣，又转而使之治礼。是则一人之身，而责之以百官之所能备，宜其人才之难为也。夫责人以其所难为，则人之能为者少矣。人之能为者少，则相率而不为。故使之典礼，未尝以不知礼为忧，以今之典礼者未尝学礼故也。使之典狱，未尝以不知狱为耻，以今之典狱者，未尝学狱故也。天下之人，亦已渐渍于失教，被服于成俗，见朝廷有所任使，非其资序，则相议而讪之，至于任使之不当其才，未尝有非之者也。且在位者数徙，则不得久于其官，故上不能狃习而知其事，下不肯服驯而安其教，贤者则其功不可以及于成，不肖者则其罪不可以至于著。若夫迎新将故之劳，缘绝簿书之弊，固其害之小者，不足悉数也。设官大抵皆当久于其任，而至于所部者远，所任者重，则尤宜久于其官，而后可以责其有为。而方今尤不得久于其官，往往数日辄迁之矣。

取之既已不详，使之既已不当，处之既已不久，至于任之则又不专，而又一二以法束缚之，使不得行其意，臣固知当今在位多非其人，稍假借之权，而不一二以法束缚之，则放恣而无不为。虽然，在位非其人，而恃法以为治，自古及今，未有能治者也。即使在位皆得其人矣，而一二以法束缚之，不使之得行其意，亦自古及今，未有能治者也。夫取之既已不详，使之既已不当，处之既已不久，任之又不专，而一二以法束缚之，故虽贤者在位，能者在职，与不肖而无能者，殆无以异。夫如此，故朝廷明知其贤能足以任事，苟非其资序，则不以任事而辄进之，虽进之，士犹不服也。明知其无能而不肖，苟非有罪，为在上者所劾，不敢以其不胜任而辄退之，虽退之，士犹不服也。彼诚不肖而无能，然而士不服者何也？以所谓贤能者任其事，与不肖而无能者，亦无以异故也。臣前以谓不能任人以职事，而无不任事之刑以待之者，盖谓此也。

夫教之、养之、取之、任之，有一非其道，则足以败乱天下之人才，又况兼此四者而有之？则在位不才、苟简、贪鄙之人，至于不可胜数，而草野闾巷之间，亦少可任之才，固不足怪。《诗》曰："国虽靡止，或圣或否。民虽靡膴？或哲或谋，或肃或艾。如彼泉流，无论胥以败。"此之谓也。

夫在位之人才不足矣，而闾巷草野之间，亦少可用之才，则岂特行先王之政而不得也，社稷之托，封疆之守，陛下其能久以天幸为常，而无一旦之忧乎？盖汉之张角，三十六万同日而起，而所在郡国，莫能发其谋；唐之黄巢，横行天下，而所至将吏，无敢与之抗者。汉、唐之所以亡，祸自此始。唐既亡矣，陵夷以至五代，而武夫用事，贤者伏匿消沮而不见，在位无复有知君臣之义、上下之礼者也。当是之时，变置社稷，盖甚于弈棋之易，而元元肝脑涂地，幸而不转死于沟壑者无几耳！夫人才不足，患盖如此，而方今公卿大夫，莫肯为陛下长虑后顾，为宗庙万世计，臣切惑之。昔晋武帝趣过目前，而不为子孙长远之谋，当时在位，亦皆偷合苟容，而风俗荡然，弃礼义，捐法制，上下同失，莫以为非，有识固知其将必乱矣。而其后果海内大扰，中国列于夷狄者，二百余年。伏惟三庙祖宗神灵所以付属陛下，固将为万世血食，而大庇元元于无穷也。臣愿陛下鉴汉、唐、五代之所以乱亡，惩晋武苟且因循之祸，明诏大臣，思所以陶成天下之才，虑之以谋，计之以数，为之以渐，期为合于当世之变，而无负于先王之意，则天下之人才不胜用矣。人才不胜用，则陛下何求而不得，何欲而不成哉？夫虑之以谋，计之以数，为之以渐，则成天下之才甚易也。

臣始读孟子，见孟子言王政之易行，心则以为诚然。及见与慎子论齐、鲁之地，以为先王之制国，大抵不过百里者，以为今有王者起，则凡诸侯之地，或千里，或五百里，皆将损之至于数十百里而后止。于是疑孟子虽贤，其仁智足以一天下，亦安能毋劫之以兵革，而使数百千里之强国，一旦肯损其地之十八九，而比于先王之诸侯？至其后，观汉武帝用主父偃之策，令诸侯王地悉得推恩分其子弟，而汉亲临定其号名，辄别属汉。于是诸侯王之子弟，各有分土，而势强地大者，卒以分析弱小。然后知虑之以谋，计之以数，为之以渐，则大者固可使小，强者固可使弱，而不至乎倾骇变乱败伤之衅。孟子之言不为过。又况今欲改易更革，其势非若孟子所为之难也。臣故曰：虑之以谋，计之以数，为之以渐，则其为甚易也。

然先王之为天下，不患人之不为，而患人之不能，不患人之不能，而患己之不勉。何谓不患人之不为，而患人之不能？人之情所愿得者，善行、美名、尊爵、厚利也，而先王能操之以临天下之士。天下之士，有能遵之以治者，则悉以其所愿得者以与之。士不能则已矣，苟能，则孰肯舍其所愿得，而不自勉以为才？故曰：不患人之不为，患人之不能。何谓不患人之不能，而患己之不勉？先王之法，所以待人者尽矣，自非下愚不可移之才，未有不能赴者也。然而不谋之以至诚恻怛之心，亦未有能力行而应之者。故曰：不患人之不能，而患己之不勉。陛下诚有意乎成天下之才，则臣愿陛下勉之而已。

臣又观朝廷异时欲有所施为变革，其始计利害未尝熟也，顾一有流俗侥幸之人不悦而非之，则遂止而不敢为。夫法度立，则人无独蒙其幸者，故先王之政，虽足以利天下，而当其承弊坏之后，侥幸之时，其创法立制，未尝不艰难也。以其创法立制，而天下侥幸之人亦顺悦以趋之，无有龃龉，则先王之法，至今存而不废矣。惟其创法立制之艰难，而侥幸之人不肯顺悦而趋之，故古之人欲有所为，未尝不先之以征诛，而后得其意。《诗》曰："是伐是肆，是绝是忽，四方以无拂。"此言文王先征诛而后得意于天下也。夫先王欲立法度，以变衰坏之俗而成人之才，虽有征诛之难，犹忍而为之，以为不若是，不可以有为也。及至孔子，以匹夫游诸侯，所至则使其君臣捐所习，逆所顺，强所劣，憧憧如也，卒困于排逐。然孔子亦终不为之变，以为不如是，不可以有为。此其所守，盖与文王同意。夫在上之圣人，莫如文王，在下之圣人，莫如孔子，而欲有所施为变革，则其事盖如此矣。今有天下之势，居先王之位，创立法制，非有征诛之难也。虽有侥幸之人不悦而非之，固不胜天下顺悦之人众也。然而一有流俗侥幸不悦之言，则遂止而不敢为者，惑也。陛下诚有意乎成天下之才，则臣又愿断之而已。

夫虑之以谋，计之以数，为之以渐，而又勉之以成，断之以果，然而犹不能成天下之才，则以臣所闻，盖未有也。

然臣之所称，流俗之所不讲，而今之议者以谓迂阔而熟烂者也。窃观近世士大夫所欲悉心力耳目以补助朝廷者有矣。彼其意，非一切利害，则以为当世所不能行。士大夫既以此希世，而朝廷所取于天下之士，亦不过如此。至于大伦大法，礼义之际，先王之所力学而守者，盖不及也。一有及此，则群聚而笑之，以为迂阔。今朝廷悉心于一切之利害，有司法令于刀笔之间，非一日也。然其效可观矣。则夫所谓迂阔而熟烂者，惟陛下亦可以少留神而察之矣。昔唐太宗贞观之初，人人异论，如封德彝之徒，皆以为非杂用秦、汉之政，不足以为天下。能思先王之事，开太宗者，魏郑公一人尔。其所施设，虽未能尽当先王之意，抑其大略，可谓合矣。故能以数年之间，而天下几致刑措，中国安宁，夷蛮顺服，自三王以来，未有如此盛时也。唐太宗之初，天下之俗，犹今之世也，魏郑公之言，固当时所谓迂阔而熟烂者也，然其效如此。贾谊曰："今或言德教之不如法令，胡不引商、周、秦、汉以观之？"然则唐太宗事亦足以观矣。

臣幸以职事归报陛下，不自知其驽下无以称职，而敢及国家之大体者，诚以臣蒙陛下任使，而当归报。窃谓在位之人才不足，而无以称朝廷任使之意，而朝廷所以任使天下之士者，或非其理，而士不得尽其才，此亦臣使事之所及，而陛下之所宜先闻者也。释此一言，而毛举利害之一二，以污陛下之聪明，而终无补于世，则非臣所以事陛下惓惓之义也。伏惟陛下详思而择其中，天下幸甚！

参考文献

[1] 脱脱，等．宋史[M]．北京：中华书局，1985.

[2] 司马光．资治通鉴[M]．北京：中华书局，1986.

[3] 徐松．宋会要辑稿[M]．北京：中华书局，1957.

[4] 马端临．文献通考[M]．北京：中华书局，1986.

[5] 乐史．太平寰宇记[M]．北京：中华书局，2007.

[6] 李心传．建炎以来系年要录[M]．北京：中华书局，1956.

[7] 王安石．临川先生文集[M]．北京：中华书局，1959.

[8] 王安石．王文公文集[M]．北京：中华书局，1962.

[9] 詹大和，等．王安石年谱三种[M]．北京：中华书局，1994.

[10] 邓广铭．北宋政治改革家王安石[M]．北京：人民出版社，1997.

[11] 汤江浩．北宋临川王氏家族及文学考论——以王安石为中心[M]．北京：人民文学出版社，2005.

后　记

在本书即将出版之际，在此感谢北京师范大学国学经典教育研究中心徐梓教授的帮助和指导，感谢师门兄弟姐妹的鼓励和支持，感谢大象出版社编辑付出的辛勤劳动。

本书是我在北京师范大学访学期间由导师徐梓教授指导完成，徐教授对学术的执着追求、对学问的精益求精、对晚辈的倾力提携，令我感动不已。徐教授担任“名人家风”丛书的主编，负责丛书的统稿，我负责撰写《道德经济堪大任——王安石与王氏家风》一书。选择王安石这一人物，是受王安石人格魅力的影响。王安石是北宋著名的思想家、政治家、文学家、改革家，“唐宋八大家”之一，他自幼勤奋好学、博览群书，为官后廉洁自律、克己奉公、生活俭朴，欧阳修称赞他“翰林风月三千首，吏部文章二百年。老去自怜心尚在，后来谁与子争先”，梁启超称赞他“三代下求完人，惟公庶足以当之矣”。王安石创作了大量的诗、词、散文，如

《伤仲永》《答司马谏议书》《游褒禅山记》《泊船瓜洲》《元日》《登飞来峰》《梅花》等传世之作。王安石的优秀品质和经典诗词，对青少年的成长与成才具有积极的影响。

本书的写作主要依据《临川先生文集》《王文公文集》《王荆公年谱考略》《王安石》《北宋临川王氏家族及文学考论——以王安石为中心》及相关方志、文集等，对王安石和王氏子孙进行深入分析，尽可能客观全面地将王安石与王氏家风呈现给读者。临川王氏家风凝聚着先人对子孙的教导，不仅影响着王氏子孙，还激励着当今青少年。好的家风会成为一个人一生的航标，使他在人生的海洋中不迷失自我，走得更远！希望读者能够喜欢这本书，从书中汲取营养，感悟人生真谛，树立理想信念，在人生的道路上努力前行。

由于本人学力所限，错误和不妥之处，恳请读者指正。

邯郸学院　邹蓓蓓

2021年6月